飲食店従事者 必携!

料理人のための1分間マネジメント

トーマス アンド チカライシ
力石寛夫

柴田書店

はじめに

2010年10月、米国最大の料理学校CIA(Culinary Institute of America)のカリフォルニア校で開催されたカンファレンス「Worlds of Flavor®」に、日本から39人のシェフが参加しました。和洋中さまざまなジャンルのトップクラスの料理人が「チームオブジャパン」の名のもとに集結し、日本ならではの料理の考え方や技術を披露。その見事なプレゼンテーションは参加者から高い評価を受けました。

筆者は日本側の事務局長として、イベント開催の2年前からチームオブジャパン結成に向けて活動してきました。趣旨に賛同していただける料理人の皆さんと何度もお会いするなかで、それまでにも増して私自身の料理人に対する思いが強くなっていきました。その思いは、イベントの成功を目の当たりにしてさらに強くなりました。

それは「料理人という存在を、本当の意味で社会から広く認められるものにしたい」という思いです。

「本当の意味で」とは「真の職業人として」と言い換えられます。近年、料理人の注目度が高まっていますが、社会的な評価を十分に得られているとはいえません。その最大の要因は日本の料理人の多くが「職人」にとどまっていることだと思います。職業人として不可欠な、幅広い「マネジメント力」が備わっていないのです。

そう考えていた折、柴田書店が発行する月刊誌『月刊専門料理』から連載の依頼がありました。最終的に4年半も続けることになった連載のタイトルは「料理人のための1分間マネジメント」。マネジメントをできるだけ平易に解説し、忙しい仕事の合間のわずかな時間でも学んでもらいたいと考えてつけたタイトルです。今回、連載を1冊の本にまとめるにあたって書名にそのまま使わせていただきました。

また書籍化にあたっては、4人の料理人の方と筆者のマネジメントをテーマにした対談を新たに加えました。ご協力いただいた三國清三様、野﨑洋光様、生江史伸様、緒方俊郎様には、この場を借りて厚く御礼申し上げます。

すべての料理人の皆さんが、仕事のやりがいや喜びを感じながら、真の職業人へと育っていくために本書を役立てていただければ幸いです。

2020年12月

力石寛夫

CONTENTS

第2章
数字に強い料理人になろう

第3章
「プランニング」の力を磨こう

第4章
料理人こそサービスマンたれ

第5章
人を育てるのは料理人の責務

編集／土肥大介・吉田直人
カバーデザイン／原口徹也（弾デザイン事務所）
本文デザイン／光邦
イラスト／古谷充子

第1章

「職業人」としての料理人

正しい「職業人」であるために大切なこと

本書のテーマは「マネジメント」です。このマネジメントという言葉、料理人の皆さんはどのように理解しているでしょうか。

マネジメントとは「お店を運営していくこと」です。お客さまをお迎えし、おいしい料理とサービスでおもてなしする。お客さまからお代を頂戴して売上げがあがり、経費などを支払った後に利益が残る。この活動の総称がマネジメントです。

ですから、マネジメントの中身は多岐にわたってきます。料理に関することだけをとってみても、品質管理（おいしい料理をつくる）、衛生管理（安全性を確保する）、設備管理（適切に調理機器を扱う）など、さまざまなテーマがあります。従業員の教育や労務管理も重要な人のマネジメントですし、売上げや経費、利益を管理する数値のマネジメントも大事です。

料理人の皆さんは、これまで料理の技術を懸命に磨いてきたことでしょう。それが職人として、生涯をかけて取り組んでいくべきテーマであることは言うまでもありません。しかし一方で、マネジメントについて正しい知識を身につけることも、これからの料理人にとって必須の課題であると思います。

なぜなら、料理人が「職業人」として認められ、社会的な地位を得ていくうえで、それが不可欠になるからです。

まず自らの「人間性」を磨きましょう

そして、その前に大前提ともいうべき大事なことがあります。それは職業人として、自らの人間性を磨いていくことです。
この点もまた、日本の料理界の大きな課題だと思います。カウンター主体の日本料理店などで、お客さまの目の前で部下を怒鳴ったり、ひどい場合は小突いた

りする。スターシェフとしてマスコミに持ち上げられている店でも、そういう光景を目にすることがあります。自分の人となり、すなわち人間性が、お客さまや一緒に働く部下、さらには社会に与える影響の大きさを自覚していれば、そんな行動はとれないはずです。

医食同源という言葉があるように、料理人は医師と並んで人々の命と深くかかわっている仕事です。でも、それにふさわしい地位を得ているとはとても言えません。

外食の市場がこの数十年で大きく成長したのと同様に、日本の料理界も多大な発展を遂げました。料理人もかつてと比べてはるかに、社会的に認められる存在になっています。しかし私は、その仕事の重要度からいえばまだまだ不足だと思っています。それこそが料理界の課題であり、これからの料理人が努力して変えていかなければならない部分でしょう。

本当の意味でプロの料理人として社会から認められるために、まずは自らの人間性を磨くことからはじめましょう。そのうえで、料理の技術とともにマネジメントを体系的に学んでいく。これが、これからの料理人のあるべき姿であり、職業人として社会から認められる条件になります。

料理人にとって必要な「教養」とは

人間性を磨くためにまず必要なのは、幅広い教養を身につけることです。しかし教養とひと言で言っても、人によって理解はさまざまです。教養とは何かがわからなければ、それを身につけるための行動もできません。

まず明確にしておきたいのは、「教養」と「知識」は違うということです。知識が豊富な、いわゆる博識な人のことを教養のある人とは言いません。なぜなら、単に物事をよく知っていることは、人間性を高めることと直接はつながらないからです。

知識はある意味で、自己の中で完結するものです。「あの人は物知りだ」と頼られることはあっても、その人の知識が豊富であるかどうかが直接的に他人との関係性に影響することはあまりありません。しかし教養は違います。真に教養のある人は、接した人に強い印象を残し、場合によってはその人の生き方にも影響をおよぼします。

たとえば私のオフィスでは、お客さまが帰られる時にはかならずスタッフがエレベータホールまでお送りし、エレベータのドアが閉まるまで一礼してお見送りすることにしています。これはもう30年以上前に、当時の三井不動産の会長を務めておられた江戸英雄さんにお会いしたことがきっかけでした。

江戸さんが開発にかかわっていらっしゃった東京ディズニーランドのプロジェクトに参加してほしいと依頼を受け、三井不動産の本社にお伺いした時のことです。打合せが終わって帰る際に、江戸さん自ら私をエレベータホールまで送り、ドアが閉まるまで一礼して見送ってくださったのです。財界の重鎮でありながら、はるかに年下でビジネス経験も乏しい私に対して礼を尽くされる姿に驚きました。そしてこの体験が私に、人と接する時の姿勢を教えてくれたのです。

高い教養を持つ人と接することが出発点

また、私はサービスを受けた時はいつも、コンビニエンスストアで買い物をした時などでも相手に「ありがとう」のひと言をかけるようにしています。これは、かつて米国でマーク・トーマス氏が経営するレストランで働いていた頃の体験がベースにあります。

常連客の中に、フレッチャーさんというやさしさと思いやりにあふれたご夫婦がいらっしゃいました。常にお二人でお見えになるのですが、われわれに言葉をかける時は必ず「I appreciate～」とおっしゃるのです。

「いつもありがとう、感謝しています」という言葉からはじまる夫妻との会話は、仕事をするうえで最大の楽しみでした。また同時に、サービスマンとしての姿勢を教えてくれるものでもありました。相手に対して常に感謝の気持ちを持ち、相手の立場で何をすべきかを考えるというホスピタリティの精神を、この体験を通じて学ぶことができたのです。

　レストランにはさまざまなお客さまが来店され、その中には高い教養のある方がいます。そうした人と接し、生き方や考え方を学ぼうという姿勢があれば、そこで得たものがかならずあなた自身の教養になっていくはずです。

読書は〝想像力〟と〝創造力〟を高める

教養を高めるために絶対に必要なことのひとつに「読書」があります。本に限らず新聞、活字全般に触れることは職業人として不可欠です。

なぜ活字に触れることが教養を高めることにつながるのか。それによって知識が増えるからではありません。イマジネーション、つまり〝想像する力〟が身につくことが重要なのです。

活字のいいところは、それを読む人の想像をかき立ててくれることです。誰しも子供の頃に本を読んで、文章が描き出す人物像や情景を思い浮かべた経験があると思います。映像がストレートに情報を伝えてくるのに対して、活字はそれを受け取る側に想像力を要求します。その力があればあるほど、優れた文学作品に心を揺さぶられたり、時には人生観が変わるほどの大きな影響を一冊の本から受けたりするものです。

そうした積極的な姿勢で活字に触れて初めて、そこに書かれていることが受け手の血となり肉となります。それこそが教養であり、自らの行動を変えたり、新しいことに取り組んでいくための原動力になるのです。

感性も教養を高めることで磨かれる

そして、活字情報を血肉化するための想像力は、そのまま料理人にとって大切な〝創造力〟につながっていきます。

味わいや盛りつけに独創性を発揮したり、その人ならではの個性を料理の中に表現することが、優れた料理人の条件と言われています。それは単なる思いつきではありません。つくりたい料理を頭の中に明確に思い描き、そこに到達するための調理法や素材の組合せをイメージできるからこそ実現できることです。そのためには想像力が不可欠なのです。

もう一つ、料理人にとって重要な要素に〝感性〟がありますが、これも教養を高めることによって磨かれ

ます。たとえば、絵画などの芸術作品に触れることによって豊かな色彩感覚が身についたりするものです。ただ、そうした特別な場所に行かなくても感性を磨く機会はいくらでもあります。

たとえば私は、自由な時間ができるとよく〝銀ぶら〟をします。東京における文化の中心地である銀座の街を歩いていると、実にさまざまなものを目にすることができます。古くからの街並みが残っている一方で、最先端のブランドが次々に登場し、新旧の文化がせめぎ合っている。商店のファサードや看板のデザインなどもそれぞれに個性があり、見ていて飽きることがありません。

こうした経験が直接ビジネスに結びつくわけではありませんが、文化の最前線に触れることは間違いなく感性を磨くことにつながっていると思います。なぜなら感性とは〝未知のことを知り何かを得ようという思い〟のことだからです。そして、その思いの強さは教養の積み重ねによって決まるのです。

仕事以外に趣味を持ち、興味の幅を広げよう

真の教養人とは、立ち居振る舞いや人との付合いにおいて、接する人に大きな影響を与えるものです。それこそが「人間力」であり、その源泉が心の豊かさです。では、心の豊かさとは何でしょうか。些末なことにこだわらないおおらかさ、多様な考え方や価値観を受け入れる柔軟性など、そこにはさまざまな意味が含まれています。中でもいちばん大切なことは、相手を思いやる気持ちを持つことです。それは人間社会で生きていくうえではもちろんのこと、よい仕事をするためにも不可欠です。

そうした心の豊かさは、仕事のスキルを高めるだけでは身につけることはできません。仕事一辺倒の生活を送っていては、むしろ心は貧しくなっていきます。そこで大切なのが、仕事以外に興味を持って取り組めること、つまり趣味を持つことです。

趣味は、同好の士と集ったり誰かに教わるなど、それをすることで新しい人間関係を築けるものが望ましいでしょう。同じ趣味を持つ人と交流することで刺激を得たり、相手から何かを学び取ろうという気持ちで接することが、料理人に必要な「感性」を

高めることにもつながっていくからです。

興味の幅はその人の人間性につながる

私は、小学校6年生の時から茶道を習いはじめました。初詣に行った際にお宮の近くで見かけた日本家屋に興味を持ち、そこで茶道を教えていることを知ったのがきっかけです。そこには大学2年生の時まで通い続けましたが、それは、お点前を学びたいという気持ちよりも、茶道の先生に会いたいという思いが強かったためです。先生は「やさしさの塊」のような人であり、まさに真の教養人でした。話をしていると心が洗われるような感じがして、時間を忘れてしまうのです。

自分自身を見つめなおすこと、相手を思いやる気持ちを持つことなど、茶道の本質に通じることもすべて先生と会話をすることによって教えていただきました。このことは私の人間形成に大きな影響を与えるとともに、ビジネス人生においてもっとも大切にしてきた「ホスピタリティ」を学ぶ原体験でもあったと思います。その後もずっと茶道は続けてきましたが、茶道を学ぶことを通じて得た人との出会いは筆者にとって大きな財産になっています。

さまざまなことに興味を持ち、多くの人と会って見聞を広める。そうした行動の積み重ねが教養を高め、豊かな人間性をつくっていきます。そしてそのことは必ず、よい仕事につながるのです。料理人であれば、食べる人の心に強い印象を残す独創的な料理をつくること。そういう意味で、高い教養を感じさせる料理をつくる料理人が日本にも増えてきました。このことはまさしく、日本の料理界にとって大きな進歩だと思います。

おいしい料理をつくる技術は大切です。しかし、それだけで人を感動させることはできません。一皿の料理に料理人の人間性が表現されていることが、食べる人の心を掴むのです。だからこそ、これからの料理人は真の教養人でなければならないのです。

真の「プロ意識」を持って仕事をしよう

真の職業人に不可欠な人間性は、高い教養を持つことによって獲得できます。すでにお話ししたように、教養とはその人の体験の集積でもあります。興味の対象を広げ、新しいことに取り組んだり多くの人と会って見聞を広めた結果、教養が高まっていく。それによって料理人は単に料理をつくるだけの存在を脱し、職業人として自らを高めることができるのです。

欧米では、そうした職業人としての料理人の存在が早くから認知されてきました。ですから、欧米における料理人は高い社会的地位を得ています。食という人間の身体に入るものを扱い、人々の心と身体の健康に直接かかわっていく。いわば命を預かる仕事であるという意識を料理人が持ち、また周囲もそれを認めているのです。料理人が医師に匹敵する存在とされているのはそのためです。

だからこそ、料理人は食材をていねいに扱い、調理作業の一つひとつを正確に進めていかなければなりません。医師が患者を診断したり、手術をする際に細心の注意を払うのと同様にです。それこそがまさしくプロフェッショナルとしての仕事であり、それができることが優れた料理人の条件。このことは、欧米の料理界における常識となっています。

日本でも外食市場の拡大と成熟にともなって、料理人がかつてと比べて職業人としての高い意識や教養を持つようになってきました。しかし、こうした「プロ意識」という点では、欧米と比較してまだまだであると思います。

日本ではまだ働く人に緊張感が足りない

それは働く姿を見てもわかります。欧米のレストランでは調理もサービスも、いったん職場に入ったら全身全霊をもって仕事に取り組むのが当り前です。能力は給与に明確に反映されますし、仕事ができないと判

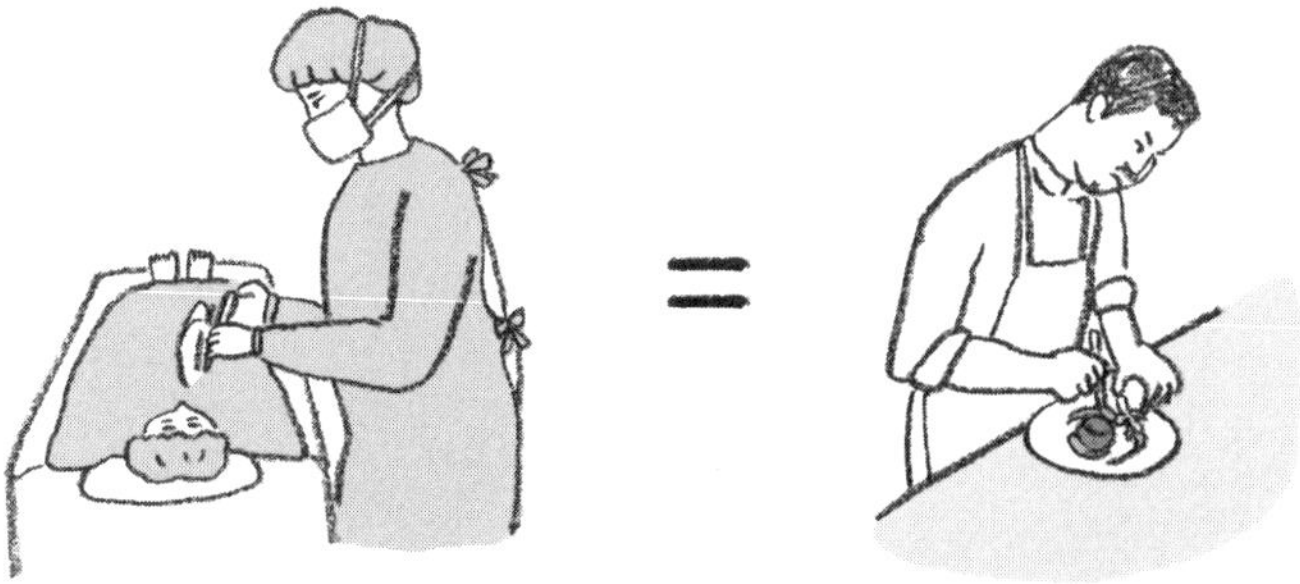

断されればすぐに解雇されてしまいます。だから職場には常に緊張感があります。

日本では、こうした緊張感に欠けた店が多いのが実情だと思います。私語が多く仕事に集中できていなかったり、作業に無駄な時間を費やしているケースが見られます。その結果、経営効率が悪化するのはもちろん、料理やサービスのレベルも下がってしまう。欧米のような実力主義が徹底されていないこともありますが、やはり働く一人ひとりに真のプロ意識が欠けているためでしょう。

私は、米国の料理学校であるＣＩＡ（Culinary Institute of America）から派遣された研修生を日本のレストラン視察に案内した経験がありますが、全員20歳前後の若者にもかかわらず、その意識の高さに感心しました。シェフに対する質問も経営面にまで踏み込んだものが多く、早くもプロ意識の萌芽が見られました。こうした点について、日本は欧米に素直に学ぶ必要があると思います。

広い視野を持つことが新時代の料理人の条件

本書で詳しくお話ししていきますが、マネジメントにおいて重要なことは、人を育てていくことです。お店の運営はけっして一人ではできないし、ともに働く仲間を増やしていかなければ、お店のレベルアップも図れません。これからの料理人は、どれだけ人を育てることができるかが職業人としての評価を左右することになります。そして、この部分でもっとも料理人の人間性が問われることになります。

人の育て方が、時代とともに変わってきていることも理解しなければなりません。かつて技術は教わるものではなく盗むものとされていましたし、部下や後輩への接し方もある意味で暴力的なものでした。しかしいまは世の中全体として、そうした暴力的、あるいは差別的な対応は許されなくなっています。

これはけっして「甘やかす」こととイコールではありません。料理人として自らを高めるためには厳しい修業が必要ですし、日々の単調な作業の繰り返しに耐えてこそ技術が身につき、お店を運営していくうえで必要な精神力も育まれるものです。そうした修業の大切さは、人を育てる過程でしっかりと教えていかなければなりません。

そこで不可欠なのはコミュニケーションです。頭ごなしに叱ったり、一方的に「こうしろ」と押し付けるのではなく、相手の理解度を踏まえてていねいに教えていくこと。communicationは日本語で「伝達」と訳されますが、単に一方的に伝えるのではなく、双方の気持ちが通じ合っている状態を指します。それには強い立場にある者、すなわち上位者が常に相手のことを理解しようとする心を持っていなければなりません。こういう上下関係こそ人材教育において不可欠です。

食文化への貢献には科学の視点も不可欠

このようないい関係が店の中にできていれば、自然とスタッフのチームワークがよくなります。おいしい料理とゆきとどいたサービスを提供して、お客さまの満足をいただく。レストランの社会的な役割である食文化への貢献が実現できるのです。

レストランの運営には、そうした文化的な側面がある一方で、科学の視点を持っている必要があります。本章の最初に触れた「数値のマネジメント」はその一つですが、新しい技術の活用もこれからは欠かせません。最新の調理機器やＩＴ、さらにはＡＩ

など最先端の技術の動向には常に目を配っておくべきでしょう。なぜなら、それがお店のレベルを高めていくために不可欠になるからです。

人件費をはじめあらゆるコストが上昇していく中で、必要なのはムダをなくしていくことです。人手や時間、材料やランニングコストなどで不要なものは徹底してカットし、そのぶんを必要な部分に振り分けることが料理やサービスの価値向上につながります。そのためには、最新の技術を活用するという科学の視点も持たなければならないのです。

おいしい料理をつくることだけでなく、店の運営、人のマネジメントや教育、取引先をはじめ店を支えてくれる人々とのコミュニケーションなど、さまざまな技術を身につけて初めて職業人といえます。また真の職業人たるには、ともに働く人々から尊敬される人間性を備えていなければなりません。

そうした技術や人間性に加えて、職業人として広い視野を持つこと。これが、新しい時代の料理人となるために不可欠なことといえるのです。

力石寛夫 × オテル・ドゥ・ミクニ 三國清三氏

日本を代表するフランス料理人の一人。2013年、フランスの食文化への功績が認められフランソワ・ラブレー大学より名誉博士号を授与。15年、フランス共和国よりレジオン・ドヌール勲章シュヴァリエを受勲している。

力石　三國さんとのお付き合いはもう36年になりますね。最初にお会いしたのは「オテル・ドゥ・ミクニ」を開業する前。当時の三國さんは本当にギラギラしていた（笑）。

三國　「ビストロ　サカナザ」のシェフを経ていよいよ自分の店を持とうという時、スタッフ教育を全面的にお願いしましたね。僕は28歳でサカナザのシェフに就きましたが、そこで洗礼を受けたんです。若い料理人を怒鳴りつけたり、「ここ（厨房）はフランスだ。日本語は一切話すな。箸を使うのも厳禁」などと恐怖政治を敷いた結果、就任翌日に全員辞められてしまった。ヨーロッパで得てきたものをすべて表現したかったし、そのために自分のやり方を貫いた結果そうなったんですが、これではいけないと。そこで力石先生にスタッフ教育のしかたを教わったからこそ、今日まで店を続けられたんだと思います。四ツ谷の本店には、オープン当初から在籍しているスタッフが7人いますよ。

力石 35年間もお店を続けるのは大変ですが、その間ずっと勤め続けるスタッフがいるというのはもっとすごいことです。

三國 それは自分にとって一番の誇りです。店にとって大事なのは「総合力」で、それを生み出すのは人。とくにサービスマンは料理の魅力を直接お客さまに伝え、シェフの仕事が生む価値を何倍にも高めてくれる重要な存在です。だから僕は、自分がどういう思いで料理をつくっているかを全スタッフに伝えてきました。いま各店を任せているシェフたちも、メニュー改定のたびにスタッフを集めて改定の狙いや考え方を伝えています。

店を長く続けることがプロとしての使命

力石 三國さんがすごいのは、日本のフランス料理を代表するシェフとして最高の料理を追求しながら、経営全般を掌握して着実に事業を拡大してきたことです。そのノウハウはどうやって身につけたのですか。

三國 僕は「ジラルデ」を皮切りに「メゾン・トロワグロ」「アラン・シャペル」など多くのミシュラン三ツ星店を経験してきましたが、それらはすべてオーナーシェフの店なんですね。シェフは1日のうち90%以上の時間を厨房で過ごしますが、そこからすべてをコントロールするんです。料理は最高のクオリティを追求しながら一切のムダを出さない。サービスマンを通じてお客さまの満足度を完璧に掌握し、健全な経営状態を維持しながら店のレベルを高め続ける。それと並行して、殺到するプレスの取材などにも自ら対応するわけです。そういう姿を見ることが、まさに僕にとっての帝王学だったんですね。

力石 三國さんが目の当たりにしたトップシェフの姿は、まさにプロフェッショナルとしての料理人と言えます。三國さんは自分の店を持った当初から、自らプロとしてあるべき姿を思い描いていたわけですね。

三國　そうですね。僕はオテル・ドゥ・ミクニを開業した時から「長く続く店」をめざしていて、そういう店をつくることがプロの仕事だと考えてきました。四ツ谷の本店をはじめ名古屋マリオットアソシアホテル内の「ミクニ ナゴヤ」がオープンから22年、北海道・札幌の「ミクニ サッポロ」も17年になります。それだけ長く店が続いてきたのは、お客さまに支持していただける内容が伴っていたからこそですが、その間ずっと順風満帆だったわけではない。１９９０年代のバブル崩壊にはじまって、21世紀以降はリーマンショック、東日本大震災と経営を揺るがすような危機を何度も経験しました。その時に自分を支えたのは、プロとして店を続けなければならないという使命感だったと思います。

力石　最初に会った時に三國さんがギラギラしていたと言ったけど、一番印象に残っているのは目です。目ヂカラがすごくて、猛烈な意志の強さを感じた。だからこの人のために一肌脱ごうと思ったんですが、当時から三國さんの中にはプロ意識があったんですね。

三國　僕の中でプロ意識が最初に芽生えたのは、20歳で初めて挫折を経験した時だったと思います。上京して帝国ホテルに入ったものの、18歳から20歳までの3年間ずっと下働き。20歳の誕生日を迎えた日にさすがに気持ちが折れてしまったんですが、同時に「くそっ、このまま黙って辞めてたまるか」と思った。それで当時の上司にお願いして、当時18ヵ所あった帝国ホテル内のレストランすべての鍋をピカピカに磨いたんです。これを自分の財産にして田舎に帰るつもりでいたところ、その直後に料理長の村上信夫さんに呼ばれて「スイス・ジュネーブの日本大使館の料理長に君を推薦しておいた」と。「なにくそ」という思いが自分の道を拓くことになったんです。後に、村上さんはずっと僕のことを見てくださっていて、18ヵ所の鍋を一心不乱に磨く姿が推薦の決め手になったと聞きました。

危機は自分の責任で立ち向かうべきこと

力石　三國さんは経営者として幾多の危機を乗り越えてこられましたが、今回のコロナウイルス禍はこれまで経験したことのない試練ではありませんか。

三國　おっしゃる通りで、四ツ谷の本店は4月、5月と店を閉めましたが、こんなことは初めての経験です。レストランがお客さまを迎えられないのは実質的に潰れたのと一緒ですから、スタッフは本当に不安だったと思いますね。幸いにして営業再開後は着実にお客さまが戻っていますし、軽井沢の「ドメイヌ・ドゥ・ミクニ」のように前年実績を大きく超えている店もあります。ただ、何か特別なことをしたわけではありません。僕はこれまで全店の状況を把握し、お客さまからのクレームなど問題があれば一つひとつ真摯に向き合って解決してきました。そのことが今回の事態を乗り越えることにつながったと思います。これまでやってきたことは間違っていなかったと思うし、「お客さまときちんと向き合う」ことの大事さを実感しています。

力石　再開後に訪れたお客さまは、あらためて「外食は楽しい」「レストランの食事って素晴らしい」と感じていると思います。そこで期待を上回る満足を得られれば、さらにお店に対する信頼が高まりますね。

三國　それが一番大切なことです。いまは、お客さまがレストランを選ぶ際に「あの店は安心して、大切な人と一緒に行ける」ということを基準にしている。コロナウィルス禍によって、その傾向はさらに強まったと思いますね。だからコロナを機に、料理だけでなくサービス、店の雰囲気を含めた総合力を一層高めていかなければなりません。

力石　ということは三國さんも、これまで以上に店に出て、お客さまやスタッフのことを掌握する必要がありますね。そして、そういうシェフの姿が後に続く若い料理人にとって大きな目標になるはずです。

三國　僕は普段、スタッフにあまり話しかけたりしないんですけど、このところ毎月ミーティングでしゃべっています。そこで若い人たちに話すのは、シェフのやることをよく見ろということ。この厳しい状況で、シェフが何を考えどう行動しているかをしっかり見ておけと言っています。それが、シェフとして店を任されたり、自分の店を持つ時に必ず役立つはずなんですね。それに、今回のコロナウィルス禍は過去に経験したことのないものだけど、同じことが二度と起こらないわけじゃない。大地震はいつか必ず起こるし、未知のウィルスがまた来るかもしれないんです。危機は誰かのせいというものではなく、一人ひとりが自分の責任として立ち向かっていかなければならないこと。そういうことを若い人たちに教えていくのが、僕自身の料理人としての務めだと思っています。

東京都新宿区若葉1-18
TEL03-3351-3810
https://oui-mikuni.co.jp

※店舗情報は2020年11月末日現在

オテル・ドゥ・ミクニ

1985年開業の日本を代表するグランメゾン。フランス伝統料理を深く理解したうえで、独自の料理哲学を表現した三國氏ならではの料理の数々が国際的にも高い評価を得ている。ランチとディナーのコース、アラカルトの他、動物性食品をいっさい使わないヴィーガンメニューも揃えている。

第2章

数字に強い料理人になろう

数字で示すことが経営の出発点

すでにお話しした通り、マネジメントとは売上げをあげ、経費を管理し利益を生み出すといった活動の総称ですが、マネジメントを実践するうえで大事なことがあります。それは、以下の2つです。

①すべてを数字で理解すること
②数字の基準と目標を持つこと

つまり「経営は数字がすべて」ということです。お店の状態を尋ねられて「まあまあです」とか「なんとかやっています」というのは経営としてありえません。課題がある場合はそれを数字で明確にしなければならないし、その克服策も「この数字をこう改善したい。そのためにこういう手を打つ」という形で表現する必要があります。

たとえば、飲食店の経営において最重要のコストに原材料費（原価）と人件費があります。この2つのコストの合計をF／Lコストと表現します（F＝food cost、L＝labor costの略）が、これを売上高の何％に収めるか、皆さんは明確な指標を持って

います か。

飲食店の経営では、Ｆ／Ｌコストは売上高の60～65％以内が適正とされています。原価率32％と人件費率28％で合計60％、原価率35％と人件費率30％で合計65％といった具合です。これを大きく超えてくると、一般的な飲食店では利益が出ません。

なぜなら、他に家賃や水道光熱費、販売促進費といったさまざまなコストがあるからです。これらを差し引いて、手元に売上げの10％の利益が残ることが健全経営の目安ですが、そのためにはＦ／Ｌコストを売上げの65％に収める必要があるのです。

数字上の基準を持てば目標も自ずと決まる

個人経営の店で大切なことは「継続性」です。店を維持し、手元に適正な利益を残していくことが不可欠であり、そのための第一歩が適正なＦ／Ｌコストを守っていくことなのです。

そしてもうひとつ大切なことが、数字上の目標です。これは単なる願望ではなく「これだけ売る必要がある」という形で示す必要があります。そのための指標となるのが固定費というコストです。

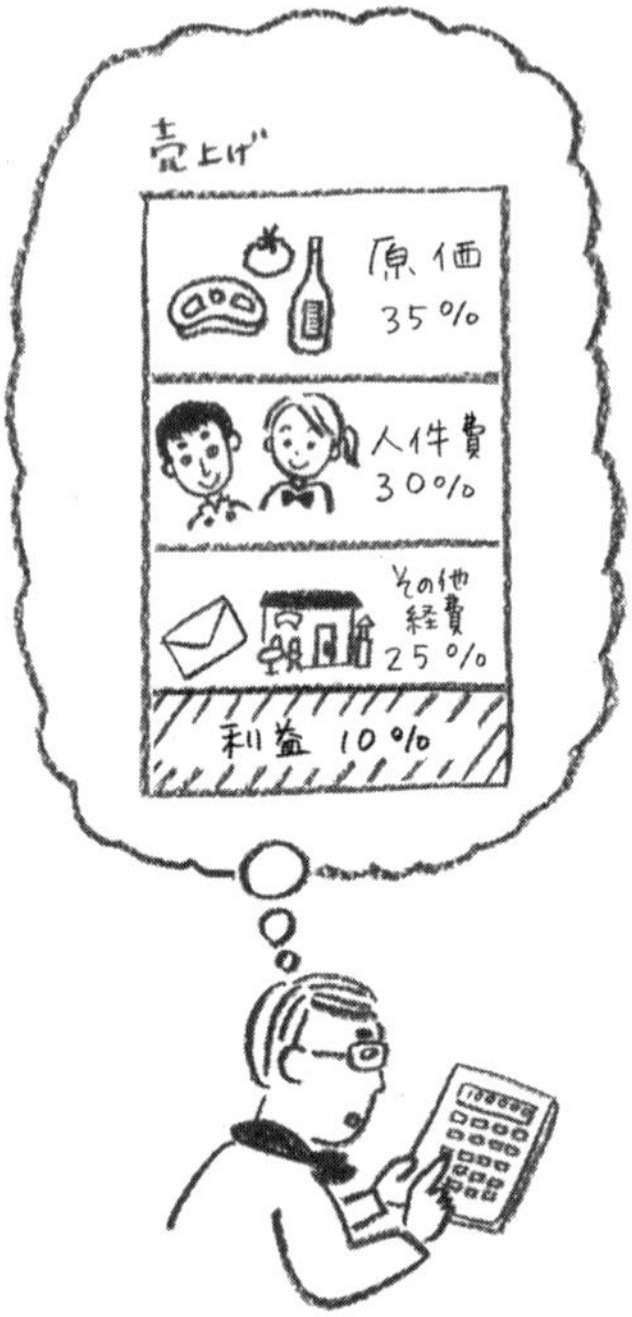

固定費とは読んで字の如く、売上げがどう変わろうと固定的にかかる経費のことです。その代表的なものが家賃です。家賃は売上げの10％程度が適正とされていますが、そう考えれば必要な売上げというのは決まってきます。

たとえば毎月30万円の家賃がかかっている店であれば、1ヵ月で300万円の売上げが必要です。月間25日営業なら1日12万円。これをどう達成するかを、オーナーシェフ以下店にかかわるスタッフ全員が真剣に考え、対策を打つ必要があるのです。数字で明確な基準を持てば、目標の数字も自ずと出てきます。その実現に向けた取り組みこそ、実は経営そのものなのです。

店の人気を左右する原材料費の管理

常に一定のコストがかかる固定費に対して、売上げに応じて変わる経費が変動費です。その代表的なものが原材料費と人件費です。前項でお話ししたように、この2つをF／Lコストといい、飲食店の経営では最重要の経費です。

経費は、管理すべきものです。管理とは結果の数字を見るだけではなく「こういう数字にしていく」という目標をたて、目標と実際の数字を近づけていくことをいいます。とくに、料理の品質を決定し、お店の人気を左右する原材料費はシビアな管理が必要です。そして、管理をしていくには守るべきルールと、それを実行するための仕組みが必要なのです。

食材が動く7段階でムダをなくす

ルールと仕組みをつくるには、原材料が店の中でどう動くかを整理する必要があります。それは以下のように7段階あります。

①購買（業者に発注する）
②受領（業者から受け取る）
③貯蔵（店で保管する）
④出庫（保管場所から取り出す）
⑤仕込み（すぐ調理できるようにあらかじめ加工する）
⑥調理（商品として完成させる）
⑦提供（お客さまのもとに運ぶ）

原材料費の管理とは、この7段階それぞれでムダをなくしていくことです。ムダをなくすために守るべきことがルールです。

たとえば①では、求める品質のものをできるだけ安い価格で買うことが重要ですし、②では劣化した食材はその場で返品するといった検品作業の徹底が不可欠です。

③では食材が腐敗してロスにならないよう温度管理を徹底するとともに、従業員による不正な持ち出しなどをチェックする必要があります。また④では先入れ先出し（先に保管庫に入れたものから使用する）のルールと、それを実行しやすいように食材を配置するといった工夫が大事です。

⑤と⑥が実際に食材を使う作業ですが、ここでは作業1回ごとに使う量（レシピ）と、作業の手順（マニュアル）をはっきり定めておく必要があります。量が一定でなければ原材料費はバラつくし、作業ミスが発生すれば食材廃棄につながります。

最後の⑦、つまりホールと厨房の連携も大事です。オーダーミスがあれば食材はムダになりますし、できあがった料理が長く提供されずにいると品質が劣化し、最悪の場合はロスにつながります。

まずは、原材料費がバラつく要因がこれだけあると認識しましょう。そのうえで達成すべき数字目標をたて、ルールをつくって実行する。結果が目標と違った場合は、何が徹底されなかったかを検証し、その結果をもとに改善していく。原材料費の管理とは、その繰り返しなのです。

人件費管理はワークスケジュールから

原材料費と並んで飲食店経営における最重要のコストが人件費です。

人件費には従業員に対する給与以外に、社会保険の事業者負担分や福利厚生費（従業員を集めて行なう懇親会などの費用）も含まれます。人を雇用するにあたっては、そうしたさまざまなコストがかかってくることをまず認識する必要があります。

そのうえで、原材料費と合わせたF／Lコストを売上げの60～65％以内に収めていくことが人件費管理のポイントです。ただ、皆さんの中には人をコストとして管理するという考え方に抵抗を感じる人もいるかもしれません。確かに、原材料費があくまでモノの管理であるのに対して、人件費はそうではありません。働く人の気持ちを大事にしながら、一人ひとりのやる気を引き出していくことが重要です。

一方で、健全経営のためには働く人の効率を上げていく必要があります。原材料費と同様、ここでもムダとロスをなくすことが大事なのです。

お客さまが少ない時間帯にもかかわらず、従業員がいっぱいいて手持ち無沙汰にしている。逆に、忙しい時間帯に人手が足りず提供が遅れたり、せっかく来店されたお客さまをお断りせざるをえない。いずれもお店にとって大きなムダであり、損失です。

1日を3時間で区切り必要な人員を配置する

そのムダをなくすために不可欠なのが「ワークスケジュール」です。

これは、1日の営業を時間帯で区切って、この時間帯に誰が何をやるかを明記したものです。いわば、お店における個人別の時間割です。

時間帯は3時間ごとに区切るのがよいとされていて、これは欧米など海外のレストランでも同じです。集中力を持続できる時間がだいたい3時間であるというのがその理由です。11時開店、23時閉店の店であれば、①

11時〜14時、②14時〜17時、③17時〜20時、④20時〜23時の４つの時間帯でワークスケジュールをつくります。

出発点は、それぞれの時間帯で具体的にどういう仕事があり、そのために最低何人の人員が必要かを明確にすることです。もちろん前提として、各時間帯に何人のお客さまが来店されるかを予測する必要があります。予測来客数をもとに、その日の仕事の量を割り出して、適正な人員を配置することがワークスケジュールの基本です。

適正とは人数だけでなく、各人の能力も含まれます。先の例でいえば、①の時間帯に必要な人員数を１００とすれば、②の時間帯は20か30になるはずです。ただ、その時間帯に必要な人の能力は同じではありません。

パート・アルバイトを雇用するとしても、①の時間帯は料理提供や食器洗浄といった作業が中心になりますが、②の時間帯は夜の営業に向けたスタンバイ作業などを担当してもらうことになります。働く人に対して求める能力が違うし、時給もそれに合わせて設定する必要があります。

時間帯ごとに必要な能力と人員数を明確にして、来客数予測をもとに適正に人を配置することが人件費管理です。その基本となるのがワークスケジュールなのです。

人件費管理で不可欠な労働生産性の向上

人件費管理においては、原材料費と同様にムダとロスをなくすことが大切ですが、もうひとつ重要な視点があります。それは、スタッフに十分な給与を支払えるかということです。

スタッフの給与支払いに窮するようでは、店を維持することなど不可能です。また人件費は本来、オーナーシェフの収入も含めて考えるべきものです。「苦しい時は持ち出しで」は一時的にはあっても、それを続けることはできません。人に関してお金がきちんとまわることは、経営を成立させる前提条件なのです。

この問題を考えるうえで不可欠なのが「労働生産性」という指標です。労働生産性とは、従業員1人が一定期間にどれだけの付加価値を生み出したかを示すもの。付加価値とは粗利益（売上高－食材原価）のことで、これが従業員の給与の原資になります。労働生産性が低ければ従業員に十分な給与を支払うことができません。生活が豊かになってこそ働きがいを感じられるようになるわけで、そのためにもこの数字を向上させていく必要があります。

より少ない人員で高い売上げをあげる

売上げを維持しながら粗利益を高めれば、理論上は労働生産性が上がりますが、現実には難しいことです。単純に原価を下げれば商品価値を落としお客さまの支持を失うことになりますから、労働生産性も上がりません。やはり従業員一人当たりの売上げを高めていくことが大事で、ここでは働く人の効率が問題になってきます。つまり「より少ない人員で高い売上げをあげる」ということです。

効率を高めるために不可欠なのは、店の中に分業の仕組みがあることです。たとえば筆者が米国滞在中に店長を務めていたステーキレストランでは、70席の店を5人で運営していました。筆者以外にシェフと調理補助1人、ウエイター2人、バスボーイ1人です。この中で最大のキーマンが食器の下げを担当するバスボーイで、お客さまが席を立ってから1分半で次のお客さまを迎えられるよう、テーブル上を完璧に整えていました。これによって1テーブル当たりの売上げが伸び、労働生産性も高まっていったのです。

一般的なレストランではここまで少人数での分業は難しいですが、スタッフ一人ひとりの役割を明確にすることが大事です。そのうえで、チームワークで仕事をするルールをつくる。ホールスタッフ3人のうちベテランのAさんはお客さまの案内係を兼ね、それに次ぐBさんは適宜Aさんをフォローし、経験の浅いCさんは自分が担当するお客さまのサービスに専念する、といった具合です。

こうして仕事の効率を高めることが、自らの収入増につながると理解できれば、スタッフのモチベーションも上がります。人に関してお金がまわるとは、こういうよい循環をつくることに他ならないのです。

経営の成果は「スケジュール」で決まる

人件費管理のポイントである「ワークスケジュール」は、1日の中でスタッフ全員がどの時間に、どのような仕事をするかを決めることです。それは限られた人員で仕事の効率を上げるために不可欠です。

効率を上げるというと、人手を削るとか手抜きをするといったイメージを持つかもしれませんが、けっしてそういうことではありません。前項でお話ししたように、かけたコストに対して最大の効果をあげること、すなわち労働生産性を向上させることが効率化の本質です。

そうした効率化は「この時間にはこういう仕事をする」ことが決まっていて初めて実現できることです。あらかじめスケジュールをたてることは、仕事の効果をあげるうえで最大のポイントなのです。

店の作業のみならず、運営全般についても同じことがいえます。ワークスケジュールと同様に「いつ、何をするのか」ということをあらかじめ決めておくのです。

これは、その作業を行なう頻度によって分けて管理していく必要があります。まずあげられるのが毎週実施する作業です。

たとえば、店内に飾ってある植栽の水遣りは毎週この曜日とこの曜日に行なうとか、毎日の朝礼とは別に毎週この曜日にスタッフ全員で集まってミーティングを行なう、といったことです。クレンリネスの維持についても、厨房設備の大がかりな清掃などは毎週この曜日に実施する、といった決まりが必要です。

やるべきことを決めれば自然と効率は上がる

こうした「週間管理」で実施していく作業とは別に、毎月実施する「月間管理」の作業があります。実施する頻度は低いですが、経営という側面から見ると非常に重要な作業になってきます。

たとえば、毎月5日までに前月の売上報告書をつくる。それをもとに、毎月15日には翌月の売上予測をたてる、といったことです。食材の棚卸しも、本来は週間で行なうことがベストですが、最低限毎月実施することが不可欠です。在庫の状態をきちんと把握したうえで、売上予測を踏まえて食材を発注することになります。その予測と発注が正確に行なわれれば、経営の効率は高まります。

　他にも、毎月1回はスタッフ全員で食事をしたり、他店に勉強のため視察に行くといったスケジュールを、あらかじめたてておくことです。これらはスタッフのモチベーションを高めていくうえで重要ですが、全員が同じスケジュールを頭に入れておくことで、スタッフの気持ちがひとつになるという効果もあります。

　重要なことは、やるべきことをその時期を含めてきちんと決めておくことです。そうすれば、それ以外の不要不急なことはやらなくなり、ムダやロスが自然となくなっていきます。結果として仕事の効率が上がり、経営の成果もあがっていくのです。

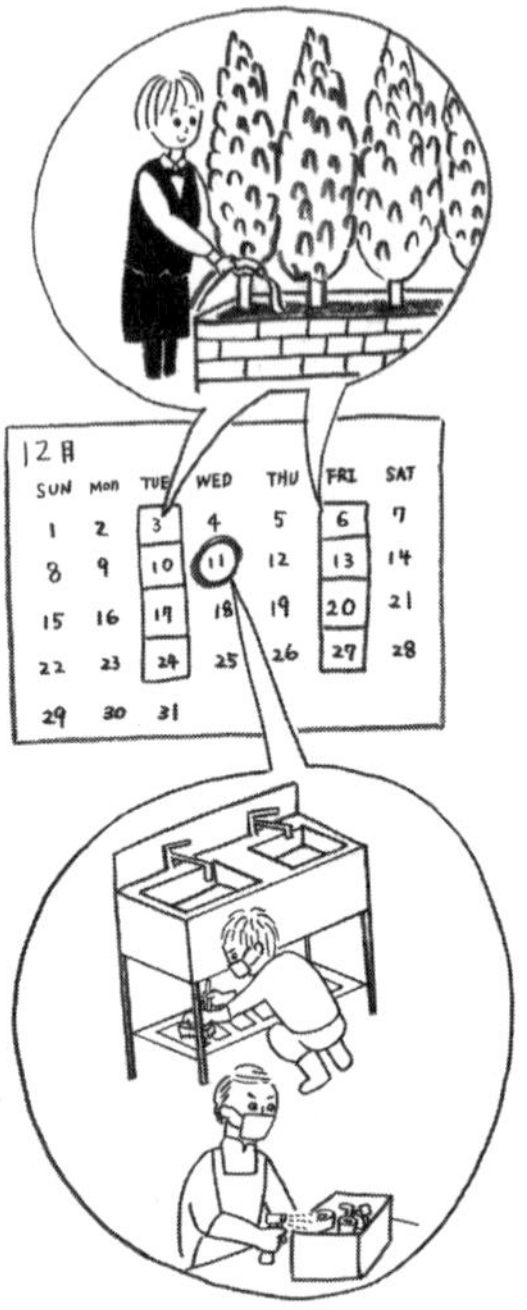

正しい仕入れを行なうために

料理人の皆さんが日々行なっていることのひとつに仕入れがあります。仕入れの目的とは「最高の品質のものをできるだけ安い価格で入手する」ことにありますが、実際はその逆になっているケースが多いのではないでしょうか。

求める品質より劣るものを、割高な価格で仕入れているということです。また、よくあるのが品質のばらつき。同じ食材について、ある日は品質の高いものを入手できても、翌日には品質が下がってしまっているというケースです。

こうしたことが起こるのは、仕入れに際して「どういう品質のものを使うか」という明確な基準がないためです。品質基準というと、たとえば牛肉のサシの状態とか魚の脂の乗り具合などが問題になりますが、それよりもっと重要なことがあります。

それは「頻度」と「温度」です。つまり、ある食材をどのようなサイクルで仕入れるか、仕入れて貯蔵し使うまでの間にどういう温度を保つかということです。この2つを明確にし、かつ基準を守っていくには、食材の管理方法が問題になります。

筆者がアメリカで学んだレストランマネジメント論では、食材は以下の7分類で管理します。

①獣肉類（牛、豚など）／②鳥肉類（鶏、鴨など）／③魚介類（甲殻類を含む）／④野菜・果物／⑤瓶・缶詰／⑥卵・乳製品／⑦パン・穀物

こう分ける理由は、この7分類それぞれで仕入れの頻度と貯蔵温度帯が違うためです。ですから、後でお話しする棚卸しの際にも、この分類に沿って在庫量を把握し、次に仕入れる際の発注量を決めていきます。

その場で確認しないと検品にならない

仕入れの頻度は当然、メニューの売れ行きや季節変動も考慮して決める必要がありますが、よく使う食材についてはできるだけこまめに仕入れることです。そのためにも、できれば棚卸しは毎週実施しましょう。このことは、店で保管している食材の品質をきちんと保つことにもつながります。

そしてもうひとつ大事なのが、店に食材が入ってきた際に、それが発注通りのものであるかをチェックすることです。この作業を「検品」といいますが、具体的には以

下の5項目を確認することです。
①食材の数量／②価格（発注伝票と納品伝票の照合）／③品質（肉の脂の状態や野菜の鮮度など）／④衛生状態（荷姿やパッケージの汚れなど）／⑤温度

この5項目は、食材が店に入ってきた段階ですぐに確認しなければなりません。食材を納品してきた業者に「忙しいから、そこに置いといて」と言って、後で箱を開けたら食材が傷んでいたというケースがよくあります。食材はその場で検品し、問題があれば即座に返品・交換を要請することです。

検品をいい加減にしている店には、食材業者もいい加減な対応しかしなくなるものです。逆に、毅然とした姿勢を見せることで、業者もその店の仕入れに対して真剣に取り組むようになります。

緊張感と信頼関係が仕入れの両輪

私はアメリカの大学でレストランマネジメントを学んだ後、実業家のマーク・トーマス氏が経営するレストランで働きました。そこでマネジメントの実務をはじめさまざまなことを学びました。ここでの体験が私の貴重な財産になっています。

トーマス氏から学んだことの中で、当時もっとも新鮮に感じたのが、食材業者をはじめとする取引先との関係でした。「業者」という言葉には、相手を見下すような響きがありますが、彼はけっして取引先をぞんざいに扱いませんでした。ともにビジネスを発展させるための大事なパートナーと考え、常にていねいに対応するとともに、自社の従業員にもそれを求めました。

年に一度は、全取引先を自社のレストランに招いて食事会を開催していました。それはトーマス氏の会社にとってもっとも重要なイベントでした。取引先との信頼関係をより強くするとともに、ビジネスの成長に役立つさまざまな情報を得るための貴重な機会でもあったからです。

私自身も、彼が経営するステーキレストランで店長を務めていた時、納品のため店を訪れる肉のサプライヤーと常に話すようにしていました。また、2ヵ月に一度は食事をしながら情報交換したものです。そこで肉のグレードやカッティングなど、食材についてさまざまなことを教えてもらいました。

調理の実務経験がない私には、料理長をはじめ厨房スタッフとのコミュニケーションが大きな課題でした。その際にサプライヤーから得た知識が武器になったのです。

取引先を大事にする姿勢を行動でも表そう

料理人である皆さんは、食材を納めてくれる取引先の大事さはよく理解していることと思います。そのことをぜひ、行動で表してください。1ヵ月に一度くらいは、膝を交えて情報交換する時間を持ちましょう。そんなに長い時間である必要はなく、せいぜい15分くらいで十分。それを続けていくことが重要なのです。

お店のスタッフにも、取引先に対してきちんと挨拶をする、納品してくれた際には一言お礼の言葉をかける、といったことを徹底させましょう。それはレストランで働くうえでの基本的な〝躾け〟でもあります。また暑い時期には冷たい飲み物を出すな

ど、ちょっとした心遣いも大事です。

こういったことを通じて取引先との信頼関係を築いていけば、それは必ずお店にとって強みとなります。天候不順などで食材が品薄の時でも優先的に回してもらえるようになるし、安価で品質のよい食材を入手できる機会があるといったお得な情報もいち早く得られます。

よく「放っておくと食材の品質は下がる」と言います。これは、お店に内緒で業者が品質の劣る食材を納品するようになる、という意味ですが、それは「放っておく」お店のほうにも問題があります。納品されたものはきちんと検品して緊張感を保つとともに、常に取引先に感謝の気持ちを伝えて信頼関係を築く。この2つが揃って初めて正しい仕入れができるのです。

「適正な在庫」が経営安定の条件

正しい仕入れを行なうことと合わせて、食材管理のうえで大事なことは「適正な在庫」を保つことです。とりわけそれは資金繰りに大きな影響をもたらします。

多くの飲食店では食材の仕入れ代金について「当月末締め、翌月末支払い」の支払い方法をとっています。これは食材が店に入ってきてから代金を支払うまでに、最大2ヵ月近くのタイムラグがあることを意味します。お客さまから食事代金を現金でいただければ、支払いにあてるお金が先に入ってきて、それが支払期日までプールされている状態になるわけで、資金繰りのうえで非常に有利です。これが飲食店についてよく言われる「現金商売の強み」です。

しかし、この強みが生かされるには絶対に必要な条件があります。それは、仕入れた食材が確実に商品化され、売上げに結びつくことです。ところが多くの場合、食材が長期間在庫として眠ったままだったり、なんらかの理由で廃棄されてしまい商品にならないというケースがあります。前者は過剰在庫、後者は食材ロスの問題ですが、これでは先述した資金繰り上のメリットは生まれません。それだけでなく、売上げが思うようにあがらないのに食材の支払いばかりがかさみ、経営を圧迫することになってしまいます。

とくに、お金をまわしていくという観点から重要視しなければならないのは、過剰在庫の問題です。食材ロスの発生に関しては作業時や営業中にその場ですぐ確認できますが、在庫の状態は常に見えているわけではありません。これを解決するには「棚卸し」をきちんと行なうことが重要になってきます。

1週間単位での棚卸しを実施しよう

棚卸しとは、一定の期間をおいて在庫をチェックし、食材があるべき状態に保たれているか、数量はきちんと揃っているかを確認することです。日本の飲食店ではこの頻度を1ヵ月おきに設定しているケースが多いですが、米国では「weekly inventory」といって1週間サイクルで行なうのが一般的です。日本の飲食店もこれにならって、1週間単位での棚卸しを実施すべきです。

サイクルが長いということは、チェックする頻度が少ないことを意味します。頻度が少ないぶんチェックが厳密になるかといえば、実際にはそうはなりません。次の棚卸しまでの間に在庫が積み上がっていき、それによって数量を数え間違えたり、食材の賞味期限切れを見落としてしまうといったケースが多くなるものです。

1週間に一度の棚卸しを行なうためには、1週間単位での適正在庫量が、あらゆる食材について明確になっていることが必要です。その前提になるのが来客数予測であり、メニューの出数予測です。それをもとに、この食材についてはどのくらいの数を在庫として持つのが適正かを割り出し、棚卸しで実際の在庫量と照らし合わせていくのです。こうすれば過剰な在庫を持つこともなくなりますし、逆に在庫量が少なすぎる食材は適宜発注することで、メニューの品切れを防ぐこともできます。

棚卸しはレストランの「資産管理」

その棚卸しで大切なのは「先入れ先出し」です。食材は先に仕入れたものから先に使っていくということであり、英語では〝first-in, first-out〟と表現します。

この考えが徹底されないと、ずっと以前に仕入れた食材がいつまでもストックスペースに残った状態となります。いずれは廃棄することになりますし、賞味期限切れの食材を誤って使ってしまうことにもなりかねません。安全衛生上も非常に危険です。

先入れ先出しを確実に実行するには、先に仕入れたものがどれか把握できるようになっていなければなりません。そのためには、ストックスペースの中でどの位置にどの食材を保管するかを決めておくこと。搬入時はそのルールにもとづいて食材を配置するとともに、常にストックスペース内を整理整頓しておくことが必要です。

ここで、仕入れの項で紹介した食材管理のルールを思い出してください。食材を、①獣肉類（牛、豚など）、②鳥肉類（鶏、鴨など）、③魚介類（甲殻類を含む）、④野菜・果物、⑤瓶・缶詰、⑥卵・乳製品、⑦パン・穀物の７つに分けて管理するということであり、これが棚卸し作業においてもベースになってきます。７つの分類はそれぞれ食材の保管温度が違うと同時に、仕入れる頻度が異なるもの。野菜・果物や卵・乳製品は毎日、あるいは間隔が空いても３日に一度は店に搬入されますが、瓶・缶詰は１週間以上空くこともあります。

この７つの分類に沿って食材の配置を決めておけば、分類ごとに同じ頻度で食材が納品されるため在庫数の確認が容易です。次の搬入日までに必要な数量が揃っているか、追加発注すべき数量はどのくらいかなども把握しやすくなります。

食材の大切さを理解するまたとない機会

棚卸し作業では、実際にストックスペースに置いてある食材の数量を数えてチェックリストに記入してい

きます。前回の棚卸しの際の在庫数から今回の在庫数を引き、その間に発注した数量を足して期間中に使った食材原価を割り出します。それを売上高で割ったものが期間中の原価率です。

1週間に一度のペースで棚卸しをすれば、1週間単位で原価率を把握できます。実際にはそこまで厳密な原価率管理は必要ありませんが、仕入れた食材がきちんとまわっているか（売上げになっているか）を把握し、食材ロスを防いでいくためにも、毎週の棚卸しは実施したいところです。

棚卸し作業は2人1組で行なうのが原則です。1人が数量を確認して声に出し、もう1人がチェックリストに記入します。オーナーシェフの店ではオーナーが1人で行なうケースがありますが、できればスタッフを参加させましょう。棚卸しは、レストランにとっての食材の大切さを実感できる、またとない勉強の機会となるからです。

食材はおいしい料理をつくるための材料であると同時に、売上げ（お金）を生み出す元手です。棚卸しはレストランにとっての「資産管理」であり、経営面から見た食材の大切さを理解するための作業でもあるのです。

軽視されがちなユーティリティコスト

数値管理でもっとも大切なのは、ムダをなくすということです。私がマネジメントを学んだ米国の外食業界と比較して、日本はさまざまな点においてムダが多いと思います。

全米最大の料理学校であるCIA（Culinary Institute of America）では、入学するとまず全員が「ギャベジ缶（生ゴミ用のゴミ箱）の中に使える食材をいっさい残してはならない」と叩き込まれます。野菜の切れ端や魚介の中骨はだしに活用するなどして、あらゆる食材を使いきる。それこそが店を経営していくための第一歩であることを最初に教えられるのです。

人の問題に関しても、同様のことが言えます。日本のレストランでは営業中、サービススタッフがただ立っているだけの「手待ち」の光景をよく目にしますが、米国ではそういうことはありません。少しでも手が空けば、テーブルをまわってお客さまと会話したり、ドリンクのお代わりをすすめています。チップ制があることも関係してはいますが、とにかく積極的に動くことでお客さまの満足度を高め、同時に客単価と売上げを高めていくことがサービスである、という認識が浸透しているのです。結果としてそれは、人件費のムダをなくすことにつながっています。

変動費にはもう一つ、ユーティリティコストがあります。いわゆる水道光熱費で、原価や人件費と比べて絶対額が小さいため軽視されがちですが、このコスト管理がずさんな結果、大きなムダが出ている例が見られます。

メリハリのあるコストのかけ方が決め手

私のマネジメントの師であるマーク・トーマス氏は、「米国のホテル・レストラン王」と呼ばれるほどの成功を収めました。出店する店はどこも破格の売上げをあげましたが、同時に彼の店ではユーティリティコストについて厳格なルールがありました。

たとえば、客席の照明は開店15分前にならないと点灯してはならない、というものです。電気代をムダに使わないためですが、一方でエントランスや店外の看板の照明は開店30分前に点灯する、というルールもありました。「その日は営業している」ことを早く認知してもらい、集客につなげるためです。

ムダをなくすことと並行して、必要なコストはきちんとかける。こういうメリハリのあるコストのかけ方こそ、売上げと利益を高めるために不可欠です。ムダをなくすためにはルールづくりに加えて、日々のコストをきちんとチェックしなければなりません。水道光熱費については、担当者を決めておき、使用量を示すメーターを毎日確認するとよいでしょう。そうすれば、異常な数値をすぐ把握でき、原因究明と対策に動くことができます。

流水解凍用の水を必要以上に出しっぱなしにしていた場合などは、ルールを再度徹底させる。また漏電が発生していたり、機器の不具合によって使用量が増えているケースもあります。それを放置すれば重大な事故につながる危険性もありますから、安全確保の面からも日々のチェックは重要なのです。

物件費管理は細かなコスト意識が大事

ユーティリティコストは、施設を維持・運営するためのコストという意味で「物件費」に含まれます。物件費には他に什器備品やユニフォーム、紙ナプキンなどの消耗品、洗濯や清掃にかかる費用などが含まれます。その金額は合計で売上げの10％前後が目安です。月商300万円の店なら、月に30万円前後ということになります。

売上げに占めるコストの比率としては家賃と同じくらいですが、物件費は細かな費用の積み重ねです。それだけに個々の費用の管理に目がゆきとどかず、思いがけなくムダが生じてしまうものです。この点についてもユーティリティコストと同様、スタッフにしっかりとコストについての意識を持たせることと、そのためのルールづくりが必要です。

スタッフの意識がコストを左右する

物件費の中で大きいのは、お皿やグラスなどの什器備品の費用です。サービススタッフのミスや、食器洗浄の際の不手際によって割ってしまったり、チップ（ヒビや欠け）が入って使えなくなってしまうことが多々あります。不可抗力というケースもありますが、什器も大事な資産であるという意識がスタッフに欠けていることも要因として大きいはずです。食材の棚卸しと同様に、什器についても定期的にかかった費用を算出し、その数字をスタッフにオープンにする必要があります。

　消耗品も、スタッフの意識がコストに直結するものです。お客さまが飲みものなどをこぼして紙おしぼりを所望された場合に、何枚もまとめてお渡しするスタッフがいます。よかれと思ってやっている場合もありますが、コストという観点からすれば望ましくありません。応急処置として1枚お持ちして、あとはきれいに洗ったダスターでふけば、コストは最小限に抑えら

れます。

また、意外と見すごされがちなのが装飾用の植栽のコスト。うっかり水遣りを忘れて枯れさせてしまったりすれば、取替えのための費用がかかります。大きな観葉植物になれば、その費用は小さいものではありません。水遣りの曜日を決めてスタッフに役割分担させるなど、ルールをつくる必要があります。

出発点はオーナー自身が行動を律すること

当り前のことですが、あらゆるコストは「お金」です。営業のための活動はすべて、お店の大切なお金を使うことである。そういう意識をスタッフに徹底させることが、健全な経営を実現するために不可欠です。

すでにお話ししたように、食材もお店にとって大切な資産です。スタッフが余った食材を無断で持ち帰ったりすれば、お店の大きな損失になります。これもスタッフの意識を徹底させるしかありませんが、その取り組みは採用時からはじまります。スタッフとしてやるべきこと、やってはならないことをハウスルールとして定め、それを遵守するという誓約を交わしたうえで採用することです。

それには大前提として、オーナーシェフも自らを律する必要があります。知合いが店を訪れた際に無料で食事を提供して、何の会計処理もしない人がいますが、これは本来オーナーが支払うか、必要に応じて交際費として計上すべきものです。そういうオーナーの行動をスタッフはちゃんと見ています。まさに「隗より始めよ」ということです。

この業界では昔から、お金のことを細かく言いすぎると現場の雰囲気が悪くなるとか、文化的な要素が損なわれるなどと言われますが、それこそ業界の悪しき慣習に他なりません。お金がまわっていかなければ従業員満足も顧客満足も高めることができず、結果として豊かな食文化の実現もできないことを、しっかりと肝に銘じておかなければなりません。

だからこそ、これからの料理人は数字に強くなる必要があるのです。

力石寛夫 × 分とく山 野﨑洋光 氏

１９８９年、36歳で「分とく山」料理長に就任。伝統や食文化を尊重しつつ、時代に即した調理法を探求し日本料理の可能性を広げている。これまでに刊行した著書は１００冊を超え、テレビ出演やイベントなどでも活躍。

力石　野﨑さんは卓越した技術を持つ日本料理を代表する料理人ですが、接していて常に感じるのは豊かな人間性と深い教養です。その2つは料理人が真の職業人となるために不可欠だと思いますが、野﨑さんはどのようにしてそれを身につけられたのですか。

野﨑　まだまだ勉強中の身ですから、そんな偉そうなことは言えません。ただ私が幸運だったと思うのは、若いうちからカウンター席に出てお客さまと直に接する機会をいただいたことです。初めて料理長になった「とく山」では、写真家の林忠彦先生や秋山庄太郎先生をはじめ、常連のお客さまからいろんなことを教えていただきました。料理人としてのあり方から「お客さまから見えるところで掃除をするな」といった細かいことに至るまで、ですね。そもそも料理人は厨房という閉ざされた空間にいますから、どうしても考えが狭くなりがちです。それではいけない、ということをお客さまから教わったんですね。

力石　確かに厨房がある意味で〝聖域化〟してしまって、その中でのヒエラルキーや権威主義的な考え方がすべてを支配してしまうということがありますね。

野崎　おっしゃる通りで、とくに日本料理はそうです。料理長が店の方針に反発して「総あがり」するなどというのは象徴的で、社会常識からすればありえないことですが、かつてはそれがまかり通っていました。でも、裏でいばっている人がお客さまの前では一言もしゃべれなかったり、クレームにまったく対処できなかったりするんです。

力石　まさに「お山の大将」ですね。それでは社会から認められる存在にはなれない。

野崎　その点でも私はお客さまに鍛えていただきました。「何食べてもまずいから、ご飯と味噌汁だけでいいよ」なんて言われたこともあります。でもそれは自分の未熟さゆえであって、その未熟さを指摘していただいたお客さまに感謝すべき。そういう場に身を置いていることをありがたいと思わなければいけません。だから若い人には「普通の人であれ」とよく言うんです。料理人は特別な存在ではない。言われたことを素直に聞いて、いろんなことを吸収していかなければ社会で通用しないよと。幸いにして、店にはさまざまな社会的立場にある方がお客さまとしてお越しになります。そういう方にきちんと対応できる自分をつくり、出会いの中から吸収する。その力を磨いていくことが大事なんですね。

知りたいという思いこそ勉強の原動力

力石　そのことは料理人として視野を広げることにもつながりますね。「料理をつくる」だけの存在から脱していくことが、社会から認められる職業人の条件だと思います。

野崎　これも私にとって幸運だったのですが、30代の頃からフランス料理やイタリア料理、中国料理といった他ジャンルの料理人とお付き合いする機会を得たんです。ちょうどその頃に、料理の世界に新しい潮流が出てきた。フランス料理におけるヌーベル・キュイジーヌがその代表ですが、ここから「個人の時代」へと入っていくんですね。料理人一人ひとりが責任をもって、個人として社会と向き合うようになった。それがビジネスのあり方にも大きくかかわっていくわけですが、そういう料理界の潮流からすれば日本料理は遅れていました。変わらなければいけないと気づかされた、貴重な経験でしたね。

力石　私は技術を高めることに加えて、感性を磨くことが料理人に不可欠だと考えていますが、その点でも他ジャンルの料理人からいろんなことを吸収するのは非常に意味のあることだったのではないですか。野﨑さんはこれまで膨大な数の料理書を世に出してこられましたが、それも感性を磨いてきたからこそできた大きな仕事だと思います。

野﨑　そうですね。「こんな世界がある」と知ることが、勉強を続けていくための原動力になっていたのは確かです。料理の本を出すことも、もう30年続けてきた料理教室にしても、これがあるから勉強できるんですね。同じことを続けて本にしたり、料理教室で話したりはできませんから。継続のためには勉強しなければなりませんし、「以前はこういうやり方だったが、いまの時代はこうすべきではないか」と考えることにもなります。だから勉強には終わりがありません。食材についてもそうで、産地に行ったり生産者と会って話をすれば、知っているつもりが知らなかったということはいっぱいある。そこでいろんなことを吸収するためにも、コミュニケーション力を磨く必要があるんです。

力石　勉強ということでいえば、私はかねてから「食の大学院大学」をつくりたいと考えてきました。これから食の世界に入る人、さらにはすでに社会に出た人があらためて食について学べる場にしたいんですね。

野崎　素晴らしいお考えです。私は常々、調理師学校を出て就職した人が3年くらい勤めた後で学びなおすといいと思っていました。当初は誰でも現場に慣れることに精一杯ですが、経験した先に勉強のための下地ができるんですね。本当に学びたいと思えば吸収する力が違ってくるし、それが仕事に対する誇りを持つことにもつながりますから。

あらためて感じた「価値観」の大切さ

力石　コロナウィルス禍で多くの店が大打撃を受けました。野崎さんが総料理長を務める「分とく山」もしばらくお休みされていましたが、今回のことであらためて感じたこと、料理人として大切にしなければならないと感じたことは何でしょうか。

野崎　一番は「価値観」の大切さですね。料理人は単に料理をつくっているのではなく、価値観をつくっているんです。自分が毎日ここに立ち続けている理由が価値観であり、お客さまはそれを求めて来店される。だから私は、お客さまがお帰りになる際には必ず店の外でお見送りしてきました。本当にご満足いただいたお客さまは、帰り際に一度振り返られるんですね。それは、私どもが提供する価値観にご満足いただいた結果なんです。再開後すぐに常連のお客さまが来てくださって、お見送りの際に振り返っていただいた時、あらためて価値観の大切さを感じました。

力石　それは、これまで培ってきたお客さまと店の信頼関係があってこそですね。コロナ禍はその大切さをあらためて示しました。

野崎　カウンター席にパーティションを設けたり、検温や手指消毒など感染対策を徹底することが再開の条件になりましたが、それはもはや当り前のこと。その先に何があるかが大事で、来ていただける理由をつくっていくことがこれまで以上に大切だと思います。

力石　これから料理の世界で頑張っていこう

という若い人が、コロナ禍で気持ちが折れてしまわないか心配です。厳しい修業を続けながら、気持ちをしっかりと持って歩んでいくために大切にすべきことは何でしょうか。

野﨑　どんな仕事であれ、楽しくなければ続けられません。その楽しさとは「わかる」ことだと思います。料理の世界には、技術的なことだけでなく歴史や食文化を含めて「なぜそうするのか」という理由があります。それを理解すれば、物事はすべてつながっていることがわかってきます。私もこの世界に入ったばかりの頃、修業が辛くて毎日辞めることばかり考えていました。でもある時「なんでもいいから1日に3つ、新しいことを憶えよう」と決めたのです。1日3つなら1年で1000という数になりますから。大事なのは紙に手書きすることで、そうすればしっかりと記憶に残るし、自分自身の成長も実感できるようになります。それが仕事を続けるうえで一番大切なことだと思いますね。

東京都港区南麻布5-1-5
TEL03-5789-3838
https://waketoku.com

※店舗情報は2020年11月末日現在

分とく山

1989年の開業以来、野﨑氏のもと常に新たな技法を取り入れた革新的な日本料理を提供し続けている。2018年5月に現在地に移転し3フロア構成の店舗となった。現在は野﨑氏が総料理長、阿南優貴氏が料理長を務めている。ディナーはおまかせコース1万5000円～（税・サ別）のみ。

第3章

「プランニング」の力を磨こう

「ロマン」だけでなく「現実」を見据える

お店の経営には「ロマン」と「現実」の2つの面があり、どちらが欠けても存続することはできません。前者はお客さまにご満足いただくことであり、後者は収支が合う、またはお金がまわることを指しています。

オーナーシェフの多くは、大いなるロマンを胸に抱いて店をはじめるものです。自分のつくる料理でお客さまにご満足いただこう、そういうお客さまを増やしていこうという強い思いが出発点にあり、それが経営の最大の原動力になっています。それは料理人としてあるべき姿ですが、往々にして現実の部分が疎かになり、店を存続できなくなるケースが多いのは残念なことです。

現実をしっかりと見ることは経営のあらゆる局面で必要ですが、まず店をスタートする段階において不可欠です。開業にあたって現実的な計画を立てる、つまり「プランニング」の能力が必要なのです。

日本のレストラン経営における大きな特徴は「物件ありき」のケースが多いことで

す。本来は、やりたい店の姿を描き、それに合う立地条件や規模の物件を探すというのがあるべき姿です。しかし日本、とくに大都市圏では物件の数が限られていますから、よさそうな物件が見つかるとあまり深く考えずに飛びついてしまうものです。そういう物件の多くは契約時に支払う保証金や家賃が高いわけですが、そのこと自体が問題なのではありません。その投資に見合うだけのマーケットがある場所なのかを見極めることが重要です。

お金がきちんとまわるかが不可欠な視点

物件を決める際に危険なのは「街のイメージ」だけで判断してしまうことです。華やかで店の数も多く、老若男女さまざまな人々が集まってくる場所なら成功の確率は高いと考えがちです。しかし現実には、これはレストランにとってきわめて難しい場所なのです。

訪れる人々の年齢層や動機がさまざまということは、ターゲットを絞りにくいということでもあります。いくら人通りが多くても、店が狙いとする客層が多く行き交うとは限りません。本来は物件を決めるにあたって、緻密なマーケットリサーチが不可欠です。それを怠って物件を高値掴みしてしまうと、かけた投資に見合うリターンがない、すなわちお金がまわらない状態になってしまいます。

開業時の資金調達をどうするかも計画において重要です。ここで大事なのは、返済と金利の支払い負担が少ない状態にする、つまり金融機関などからの借入れを少なく抑えることです。そのためには自己資金をできるだけ多く貯めておく、家族や親戚などから出資を仰ぐ、設備投資ではリース契約を活用する、などが考えられます。

いずれにせよ重要なのは、オーナーシェフ自身が「お金をどうまわしていくか」を念頭に置きながら開業計画を考えていくことです。そのうえで、開業計画はいくつかの段階に分けて立て、そのつど詳細を詰めていく必要があります。

計画は「構想→基本→実施」の3段階で

レストランを開くにあたって不可欠なのが「事業計画書」です。このことは大手外食企業でも個人経営の店でも変わりありません。どのような店をつくろうとするのかが、第三者に理解できるようにする必要があります。

「計画は自分の頭の中にある」は通用しないのです。それでは計画を実現するための資金を調達することができません。開業資金をすべて自己資金で賄えるケースは稀で、たいていは金融機関などからの借入れが必要です。そのためには、誰もがプランを理解できるような事業計画書が不可欠なのです。

この事業計画書は、以下の3つの要素に分けて、構成する必要があります。

①　構想計画

これは、店づくりにおける基本的な方向性を示したものです。前項でお話ししたように、日本では「物件ありき」の開業事例が多いのですが、その場所でどういう商売をするのかという基本プランはしっかり固める必要があります。これがまず最初に必要な構想計画です。

ここで不可欠なのがマーケティングリサーチです。物件の周辺にどのような人が居住し、働いているのか。その中でどういう層をターゲットとするのか。遠方から訪れるお客さまを対象とする場合のアクセス方法はあるのか。競合店は周辺にどのくらい存在し、それらに打ち勝つためにどのようなメニューや価格、店づくりにしていくのか。これらを一つひとつ整理し、文章化していくのです。

② 基本計画

構想計画ができたら、それを具体的なプラン、すなわち基本計画に落とし込んでいきます。メニューの品揃えや価格、サービス方法、厨房および客席のレイアウトといった店の骨格となる要素を決めていくのです。

この基本計画は「ソフト」と「ハード」に分けられます。前者はプロジェクト全体のスケジュールや投資・収支計画、メニューのレシピや接客マニュアル作成などを指します。一方、後者は主に店づくりに関するもので、設計施工や内装の仕様、必要な厨房設備の機能などを決定し、明文化することです。このソフトとハードの計画が揃って初めて基本計画ができあがります。

③ 実施計画

基本計画に沿ってプロジェクトが動く際にメニュー開発や人の手配、店づくりをどのようなスケジュールで進めるかを明確にしたのが実施計画です。この段階では、トレーニングの方法やインテリアといった細かな要素まで決めていなければなりません。

事業計画書は、このように段階を踏んでつくっていくべきものです。とくに金融機関に対しては、構想計画と基本計画をしっかりと固めなければ説得力ある説明ができず、資金調達は難しくなります。

前項でお話ししたように、経営とは「ロマン」と「現実」の両立です。その第一歩が事業計画を構想→基本→実施の3段階に分けてしっかりと考えることです。それは同時に、オーナーシェフとして不可欠な経営者感覚を身につけることにつながります。

長く続く店かどうかは開業時に決まる

飲食店のプランニングにおいては「長く続く店をつくる」という視点が必要です。このことは個人経営の店にとってはより重要です。

多くの店を展開している外食企業と違って、個人経営ではその店がすべてです。かつてのように市場が拡大していた頃は、短期間で投資を回収して次の店を出すという考え方もできましたが、いまは状況が違います。ひとつの店を長く維持していくことが、外食経営の大前提になっているのです。

そうであるにもかかわらず、せっかく独立開業しても1年か2年で閉店に追い込まれてしまうケースはめずらしくありません。また、1店の成功に気をよくして2店、3店と手を広げてしまい、経営不振に陥って結局すべて失ってしまうという例が多いのも現実です。

これらはいずれも、店を永続させるための条件をきちんと理解していないために起こる問題なのです。

しっかり理解しておきたいBEPの大事さ

まず頭に入れておかなければならないのは「損益分岐点」という考え方です。読んで字のごとく、損になるか利益が出るかの分岐点であり、具体的には売上高で示されます。つまり「これを上回れば黒字になり、下回れば赤字になる売上高」が損益分岐点です。英語ではbreak even pointといい、この頭文字をとった「ＢＥＰ」が損益分岐点の略語として一般的に使われています。

売上高から経費を引いたものが利益です。経費はすでにお話ししたように、売上高に応じて変わる変動費と、売上高のいかんにかかわらず一定にかかる固定費があります。このうち固定費が高すぎる状態になっていると、ＢＥＰは高くなり、利益を出すことが難しくなっていきます。

固定費としてまず挙げられるのは、毎月発生する家賃です。店を出す際に借入れをしていれば、それにともなう金利の支払いもあります。また、アルバイトのように臨時あるいは短期に雇用する人を除く人件費も固定費と捉えるべきでしょう。

出店に際してあまりに家賃が高い物件を選んだり、設備や内装にこだわってお店にお金をかけすぎると「売上げはあがっても利益が出ない」という状況に陥ります。店の規模が大きすぎたりレイアウトが複雑で、絶対的に人手が多くかかる店も同じことがいえます。そういう状態になっていては当然、店を長く続けることはできません。

念願かなって独立開業する場合、えてして自分自身の力量を過信して、高い売上目標を掲げがちです。そして「少々家賃が高くても大丈夫」とか「せっかく店を持つんだから、設備は立派に」と考えるわけですが、それは結果としてBEPをどんどん高くすることになり、非常に危険です。

「身の丈知らず」という言葉がありますが、BEPが高い店はまさしくそれにあたります。つまり、長く続けられる店であるかどうかは店を開いた時点でかなりの部分が決まってくることになるのです。

設備計画も永続性を大きく左右する

長く続く店をつくるためには固定費を抑える必要があり、それを踏まえた設備計画を立てなければなりません。そしてもうひとつ、レストランの設備計画は「安定した料理とサービス」という観点から考える必要があります。

設備というと、まず思い浮かぶのは厨房機器や調理道具でしょう。確かに、提供する料理や店の規模に見合った機器を導入したり、機器が本来の性能を発揮できるようメンテナンスを徹底することは大事です。でもそれ以上に重要なのは「作業動線」に配慮した設備環境を整えることです。

作業動線とは、作業をしている間にスタッフが動くルートのこと。とくに厨房内においては、この作業動線をどうとるかが品質管理のうえでもポイントになります。

レストランの厨房は、仕込みや下処理を行なう作業スペース、レンジやオーブンといった加熱調理をするスペースなど、複数のセクションによって成り立っています。そして、料理は一つのセクションの作業だけで完結するものではなく、複数のセクションの作業を経ることでできあがります。

大事なことは、セクション間の距離ができるだけ短いことと、それぞれのスタッフの作業動線が交錯しないことです。これを念頭において、各セクションの位置関係や機器の配置を決めていく必要があります。

これが実現できていれば、スタッフは効率よく作業を進められますし、ホールからの指示に沿ってタイミングよく調理できます。また、作業中の疲労度もぐっと低くなりますから、これも料理のクオリティを安定させることにつながります。

作業動線は短く、かつシンプルにする。これがレストランにおける設備づくりの鉄則なのです。

厨房同様、ホールの作業動線もシンプルに

このことは厨房内にとどまらず、店全体のレイアウトについてもいえます。すなわち、厨房とホールの位置関係です。

「Hot is hot（熱いものは熱いままに）」「Cold is cold（冷たいものは冷たいままに）」という言葉があるように、料理はできあがりの状態を可能な限り保ってお客さまのも

とに届けることが大事です。ですから、厨房と客席を往復するホールスタッフの作業動線もまた、シンプルでなければなりません。

具体的には、ホールサービスの基点となるパントリー（ディッシュアップされた料理をホールスタッフが受け取るスペース）から、スタッフが各テーブルに直線的かつ最短距離で移動できるレイアウトになっていることです。これは同時に、パントリーから客席への見通しをよくし、気づきのよいサービスを実現するためにも重要になります。

厨房内の調理作業、キッチンスタッフとホールスタッフの連携、お客さまの食事の状況を踏まえたタイミングのよいサービス。これら一連の作業がきちんと噛み合うような環境を、設備によって整えることが大切なのです。

店のリニューアルにどう取り組むか

料理と同様、レストランは常に〝店の鮮度〟を保っていかなければなりません。その点で重要になってくるのがリニューアルです。店内の備品や調度類を新しいものに替えていくことも広い意味でのリニューアルであり、そうして店の雰囲気をリフレッシュしていくことが、固定客を掴むためにも大切です。

そもそもリニューアルは、それほど頻繁に行なうものではありません。投資が必要ですし、リニューアルの工事中に休業せざるをえないこともありますから、金銭的な負担はかなりのものになります。だからこそ効果的なリニューアルを行なう必要があるのですが、その費用の高低は開業時のお金のかけ方で決まってきます。

ポイントは「かけるべきところにはしっかりお金をかける」ことです。具体的にはお客さまが直接触れる部分、たとえば椅子やテーブルは価格が高くても造りのしっかりしたものを選ぶべきでしょう。安価で質の悪いものはすぐに壊れたり不具合が発生してしまい、短いスパンで取り替える必要が出てきます。最初こそコストが抑えられても、結局は高くついてしまいます。

トイレの便器や洗面台も、しっかりお金をかけるべき部分です。トイレはレストランの中でお客さまが一人ですごす唯一の空間であり、その環境は店の印象を大きく左右します。女性客をターゲットとする店はなおさら、トイレの設備には十分に気を配る必要があります。

安物買いは避け、コストは長期的な観点で

他に、安物買いを避けるべきなのは壁のクロスです。これは施工の問題とも関連しますが、質の悪いものはすぐにはがれたり、一部が破損するものです。破損した箇所を応急処置しただけで済ませている店を見かけますが、きわめて印象が悪く店の雰囲気を台無しにしてしまいます。これも最初のコストはかかっても、質のよいものを選ぶべきです。

一方で、無駄なコストはかけないこと。大理石や御影石といった高級な店舗資材やシャンデリアのような装飾の多い照明設備などが好例です。もちろん店のグレードを高める効果はありますが、個人店では避けたほうが無難でしょう。これらは初期投資

が高いだけでなく、清掃やメンテナンスが大変で維持管理のコストも高くなります。

　要は、長い目で見てメリットのあるコストのかけ方が大事ということです。そのうえで、日々の手入れをきちんと行なう。ちなみに私は東京・赤坂にオフィスを置いて20年以上になりますが、打合せスペースのテーブルと椅子は開設以来ずっと同じものを使っています。布張りの椅子の座面は3日に一度は必ず粘着ローラーで掃除しているので、実にきれいです。高い買物ではありましたが、十分そのコストに見合っています。

　長く使える設備環境を整えたうえで、かけるべきタイミングでしっかり投資し、店をリフレッシュする。それこそが本来やるべきリニューアルです。そのためには、経営計画の中にリニューアルをきちんと位置づけておかなければなりません。

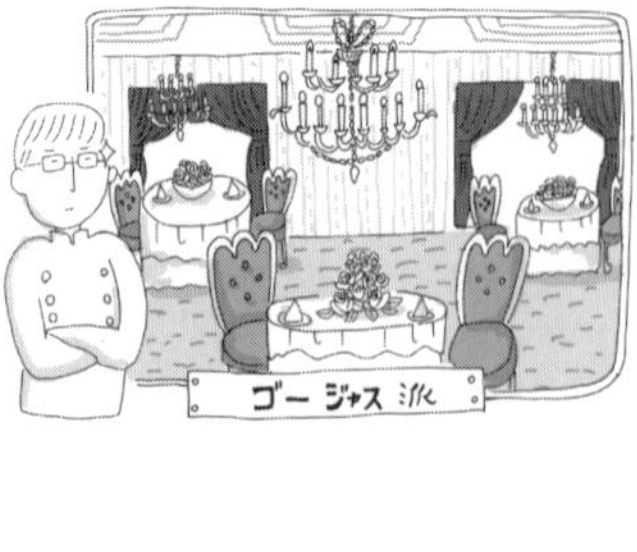

リニューアルの内容は「顧客目線」で

　リニューアルの費用対効果を高めるために重要なのがリニューアル計画です。個人店の場合、最初のリニューアルのタイミングは開業して5～6年後の設備の減価償却がおおむね終了した頃になりますから、それをあらかじめ想定した経営計画を立てる必要があります。

　望ましいのは、その時点で必要なリニューアル投資をまかなえるだけの利益を蓄積しておくことです。全額を手元資金で賄うのは難しいとしても、資金を金融機関から調達できるよう、着実に利益をあげて信用を維持しておかなければなりません。

　前項でお話ししたように、かけるべき部分にはしっかりお金をかけ、日々の手入れを徹底しておけば、リニューアルの費用は抑えられることになります。しかしながら5年、6年と営業を続けていれば、当初は想定していなかった設備や機器の〝勤続疲労〟が出てくるものです。投資が必要な時に資金に困ることがないよう、リニューアルを経営計画に織り込んでおく必要があるのです。

自分たちの思いだけが先行するのは危険

では、具体的にリニューアルを実施する際に注意すべきポイントは何か。冒頭に費用対効果が重要と言いましたが、問題となるのはこの「効果」の中身です。つまり、リニューアルによってどういう効果を期待するのかということ。そして、これは常に「お客さまの視点」で考えていく必要があります。

リニューアルに際しては、開業時には手が出なかった設備を導入しよう、思いきって高級なイメージを打ち出そうと考えるものです。資金の裏づけがあり、先の見通しが立っているのであれば、それはけっして悪いことではありません。ただ忘れてならないのは、その投資が本当にお客さまのためになるかを突き詰めて考えることです。

それを怠ると、せっかくのリニューアルが逆効果になってしまいます。たとえば、椅子を高級でゆったりとした座り心地のものに替えたところ、かえって居心地が悪くなりお客さまの満足度を下げてしまうなど。照明器具の変更なども同様で、店の雰囲気が変わってしまった結果、お客さまの足が遠のくことがあるものです。自分たちの「よかれ」という思いだけでリニューアルを進めると、こういう事態に陥りがちです。

常に忘れてならないのは、わが店は何によってお客さまに評価され、支持されているのかということです。それをはっきりと掴んだうえで、リニューアルの内容を決めなければなりません。しかし、自分のことを客観視するのは難しいものです。

そこでおすすめしたいのが、常連のお客さまや取引業者など、店のことをよく知っている人たちに意見を聞くことです。そういう人たちとよい関係を築くために、年に2回くらいは食事会を開催するとよいでしょう。その食事会の場で、リニューアルによって改善すべき点、逆に守るべき部分などを忌憚なく語っていただくのです。

商売の原則は顧客第一であり、唯我独尊になってはいけません。リニューアルではとくに、そのことを自戒する必要があります。

健全経営と「人への投資」が継続の鍵

店を長く続けていくために不可欠なのは「経営の健全性」です。具体的には売上げをあげ、利益を確保し続けることです。

そのためには、飲食店のもっとも重要なコストであるF／Lコストをはじめ、ユーティリティコストなどの変動費、さらには家賃などの固定費をしっかりと管理していく必要があります。

固定費が高すぎれば損益分岐点が上昇してしまい、店を長く続けることが難しくなります。また、F／Lコストは管理のしかた次第で、たちまち1〜2％の幅でブレるものです。飲食店において最終的な利益率はせいぜい売上高の10％であることを考えれば、これがいかに大きな数字かがわかります。

こうしたコスト管理が、店の継続に不可欠な利益の確保につながるわけですが、これにはもう一つ重要な意味があります。それは「人への投資」を続けるための原資を確保することです。

人に関する投資は最初から予算化すること

繁盛し続ける店は必ず、人材育成のための費用をしっかり確保しています。勉強会や研修旅行、セミナーへの参加などがそれにあたりますが、大事なのは「残った利益からまわす」のではなく、最初から「売上げの○%を人への投資にあてる」という考え方をとっていることです。

このように「最初から予算化する」ことが店を長く続けるために重要になってきます。それは店の人材に限ったことではありません。店にかかわるあらゆる人に関する投資についていえます。

たとえば、食材を供給してくれる取引先とよい関係を維持するための費用です。少なくとも年1回は、取引先を招いて食事会をするなど、情報交換の場を設けるべきでしょう。定例化することで、取引先は親身に対応してくれるようになります。店を続けていくうえで、これは大きな武器です。

また、これからのレストランは地域とのかかわりを大切にしなければなりません。お客さまを招いてイベントなどを開催し、地域社会に貢献していくことがレストランの役割であり、店を長く続けるためにも重要です。こうした費用もきちんと予算化し、それを前提にした収支計画を立てる必要があります。

　そして、これらの投資を中長期の計画に盛り込んでおくことです。まずは開店3年目にこういうイベントをしよう、という目標を立てる。それができたら次は5年目、7年目、さらに10年の節目にはこういうイベントを、というように、段階的に目標を大きくしていくのです。

　これは経営者にとってのモチベーションであると同時に、店にかかわる人の気持ちを一つにしていくことにつながります。それこそ、店を長く続けるためにもっとも重要な取り組みなのです。

レストランにとっての「販促」を考える

店を長く続けるために大事なのが販売促進（販促）です。英語ではSales promotionで、頭文字をとってＳＰと言います。ポスターやＰＯＰなどのことをＳＰツールと呼ぶように、この言葉は日本でも一般的に使われています。

販促は非常に大切な営業活動ですが、日本の外食業界は長らく誤った方向に進んできました。売れない時に無理やりお客さまを呼び寄せるための、いわばカンフル剤のようなものとして販促をとらえてきたのです。

大手のファストフードやファミリーレストランチェーンが行なってきた値引きセールや割引クーポンなどがそれですが、個人経営のレストランなどでも同じようなことが行なわれています。お客さまにお送りする季節メニューや特別メニューのご案内ハガキに、「通常○円のメニューを特別価格の○円で」といった表示をしているところがあります。筆者が以前に受け取ったハガキでは、おせち料理で同様の割引表示をしているものがありました。

店側は「お得だから行こう、となるはず」と考えているわけですが、これはかえって逆効果になることが多いものです。なぜなら、お客さまがその店を価格でしか評価しなくなるからです。

最初から〝割引〟は自らの価値を下げてしまう

レストランの食事は料理のクオリティだけでなくサービス、さらには店の雰囲気などを含めたトータルな価値によって評価が決まります。お客さまは「メニューがいくらか」だけで店を選んでいるわけではないのです。

にもかかわらず、店側が最初から〝割引〟を提示してしまうのは、自ら店の価値を下げていることに他なりません。先に挙げた大手外食チェーンの悪しき例と同じことになってしまうのです。

何より怖いのは、スタッフの意識が変わってしまうことです。もともとの値段が100のものを70で売ると言われれば、誰の頭にもすぐ思い浮かぶのは「残りの30はどうするんだろう」ということです。もうその時点で、スタッフの気持ちが後ろ向きになっています。そこで食材の質を下げたり、分量を減らしたりということになれば、前向きに仕事に取り組めるはずがありません。

とくに、食材原価や人件費といったコストが上昇している局面で値引きをすれば、どこかに無理が生じるのは避けられません。そして、そのことをお客さまもよくわかっているのです。

レストランにおける販促は、けっしてカンフル剤的なものであってはいけません。とくに個人経営の店は長く経営を続けていくことが大事ですから、一時的な効果はあっても持続できないことに手を出してはいけないのです。

来てくださったお客さまを大切にして、そのお客さまが繰り返し来店してくださる状況をつくりだすことこそ、レストランが取り組むべき販促活動です。

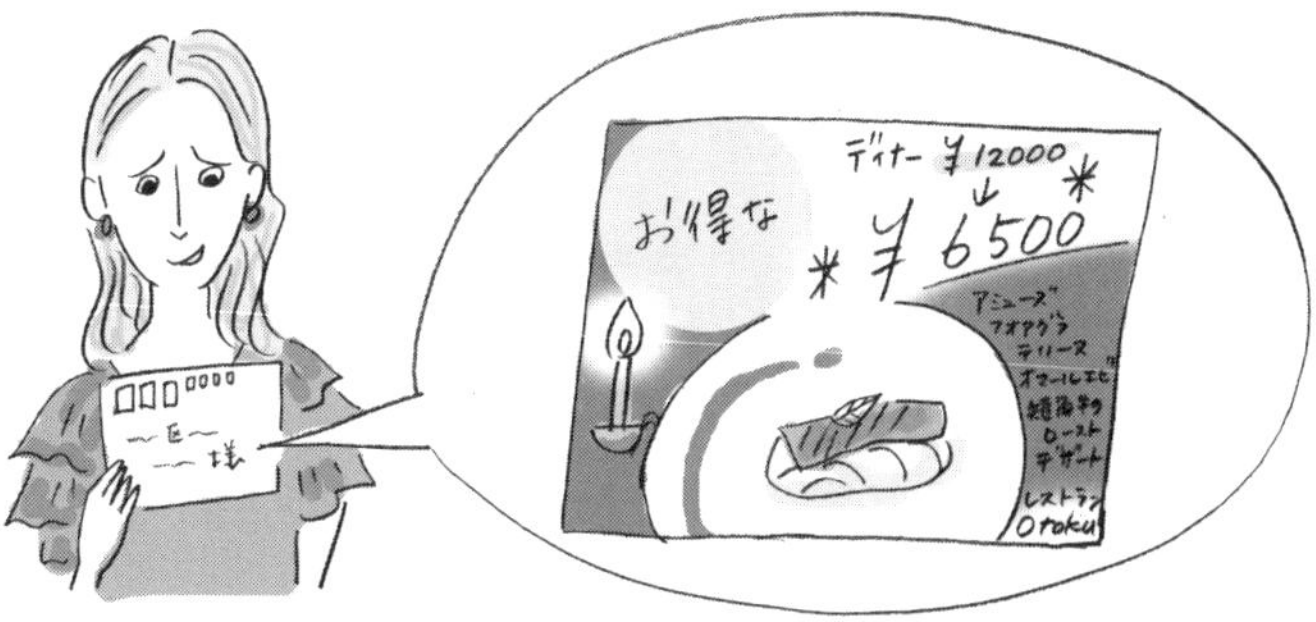

地域貢献を通じて店の哲学を伝える

外食ビジネスの特徴として、固定客比率の高さが挙げられます。その店を何度も訪れているお客さまのことを「リピーター」と言いますが、外食産業では業種業態を問わず、客層の多くをリピーターが占めています。

販売促進（販促）は、この点を踏まえて考える必要があります。わが店の売りものをお客さまに伝えて、店に足を運んでいただけるようにする。これが販促の目的ですが、大事なのは継続して来店していただけるお客さまを増やしていくことです。

集客という点では、最大の効果があるのはメディアに取り上げてもらうこと、いわゆるパブリシティでしょう。とくにテレビの力は大きく、放映直後はお客さまが大挙して訪れるという例がよくあります。しかし、それを自分の実力と勘違いしてお客さまに横柄な態度をとり、店の人気を落としてしまう例が多いのも現実です。

店の人気を測るバロメータはただ一つ、リピーターの数なのです。リピーターとは、その店の料理がおいしい、サービスが心地よい、そこで食事をすることに価値がある、と感じる人たちのこと。これはつまり、店の姿勢に共感する人たちと言い換えることができます。

すべてのレストランは店の姿勢、さらに言えば店主やシェフの哲学に共感してくださるリピーターを増やしていかなければなりません。

不可欠な「地域との共生」という視点

これからのレストランに必要なのは、地域との共生をどう図るかという視点です。この視点に立てば飲食店ができる取り組みは数多くあります。そして、これこそもっとも効果のある販促でしょう。

たとえば、地域の人々に料理をふるまうイベントに参加したり、地元の住人を招いて料理教室を開催するなど。小学校に出向いて料理を教えているレストランなどは、まさに格好の食育の機会を提供しているとい

えるでしょう。こうした地域貢献もまた、レストランとしての哲学に他なりません。これらの活動を通じて店のことをよく知ってもらえれば、顧客の輪を広げることにつながっていきます。

1店だけでなく、複数の店が連携するのも効果的です。たとえば千葉県野田市では、醤油をはじめ地元の名産品や地産食材を使っているレストランのグループが共同で販促活動をしてきました。各店の使用食材やメニューを紹介した冊子をつくって、店でお客さまに配布したり、リピーターに送付するのが主な活動内容。お客さまがそれぞれのレストランを深く知るきっかけにもなり、グループ全体で固定客を増やすことに成功しました。食材の使用量が増えれば生産者も潤うわけで、これは地域の活性化にもつながります。

いまや飲食店は、料理だけでなく「何のために店を経営しているのか」という哲学によって評価される時代です。だからこそ、その哲学をいかに伝えていくかが販促における最大のポイントになるのです。

長く愛される店になるためには

外食はリピーターに支えられているビジネスであり、リピーターの数が、その店の客数と売上げを決定します。ここで大事なのは、どのくらいの頻度でご来店いただくかということです。

客単価の高いレストランは外食の業態の中では来店頻度が低いですが、それだけに来店の動機は目的性の強いものになります。たまにおいしいものを食べに行こう、と思って来店されるわけですから、期待度も大きい。ということは、それが裏切られた時の失望感もまた大きいものになります。

店頭に「本日は貸切のためご利用いただけません」といった掲示をしているレストランがあります。パーティや団体での会食受注は安定して売上げを確保することにつながるため、積極的に取り込みたいと考える店が多いのですが、本来はきわめて慎重にやるべきことです。

なぜならその日は確実に、リピーターのお客さまにはご利用いただけなくなるわけですから。予約なしでも入店可としている店の場合はなおさらです。行ってみたら貸切で入れなかったというのは、お客さまの中に悪いイメージとして意外に深く残るものです。それが以後の来店頻度に影響を与えてしまうことは言うまでもありません。

ですから貸切利用を受注する際は、日程の余裕をしっかりとることと、そのスケジュールをできるだけ早くリピーターのお客さまに告知することが大事です。早めに知らせてもらえれば、たとえその日に来店の予定がなかったとしても、お客さまは「自分は大切にしてもらえている」と感じるものです。

「ストア・ロイヤリティ」の獲得こそ成功の鉄則

店がお客さまを大切にすることで、お客さまも店を大切に思い、繰り返しご来店いただけるようになるのです。このことを「ストア・ロイヤリティがある」と表現します。ロイヤリティとは信頼のことであり、お客さまが店を信頼している状態を指します。外食に限らず商売はすべて、ストア・ロイヤリティを獲得しなければなりません。

そして、その信頼感は日々の営業におけるスタッフの言動によって形成されるものです。たとえば、リピーターのお客さまは名前でお呼びする。カジュアルな食事なのか、ハレの日の会食なのかといった来店動機を的確に察知し、それにふさわしい雰囲気の席にご案内する、といったことです。お客さまは「自分のことをわかってくれている」と感じ、安心して食事を楽しむことができます。

そうしたサービスは特定のスタッフだけでなく、全員が実現できていなければなりません。それには日々のミーティングなどを通して、お客さまの情報を共有し、その日のサービスの反省点や、明日に向けての課題などを全員で話すことが大事です。

店の中に、お客さまを大切にし、顧客満足向上のために取り組もうという空気をつくっていくこと。それができて初めて、お客さまから長く愛される店になることができるのです。

力石寛夫 ×
レフェルヴェソンス
生江史伸氏

フランス料理店「レフェルヴェソンス」のシェフに就任以来、世界の料理学会への参加をはじめ積極的な情報発信を続ける。経営母体である㈱サイタブリアのエグゼクティブシェフとして、業態開発など多方面で活躍中。

力石　生江さんは2015年に米国の料理学校CIA（Culinary Institute of America）において開催されたカンファレンス「Worlds of Flavor®」にプレゼンターとして参加していただきましたが、日本では数少ないグローバルな考え方を持った料理人であると思います。そうした感覚はどのようにして培われたのでしょう。

生江　僕は大学で政治学を学んだんですが、小さい頃から世界の動きに関心を持っていました。小学生の時に写真で見たアフリカ難民の子供の痩せこけた姿に衝撃を受け、普通に生活しているわれわれ日本人との価値観のギャップを強く感じたんですね。それが大きなきっかけとなって、世界に対する興味が広がっていきました。

力石　それが政治の世界でなく、食の世界を仕事に選ぶことになったのは、小さい頃から料理に興味があったからですか。

生江　そうじゃないんです。大学の頃、親から独立して生活するためにアルバイトをせざるをえなくなり、たまたま見つけたのが自由が丘にあったイタリア料理店「カプリチョーザ」の皿洗いの仕事。僕が食の世界に入ったのは「食べていくため」だったんです。

料理人は危機の時こそ力を発揮する

力石　でも、そういうスタートだったことが料理人の仕事を俯瞰して見るというか、技術だけでなくサービスや店づくりなどさまざまな要素にきちんと目配りする生江さんの姿勢につながっているように思います。

生江　おっしゃる通り、料理人の仕事にはいろんな要素があって、すべてがつながっているんですね。シェフになれば自分がつくりたい料理をつくる自由があり、それによって大きな達成感を得られますが、その自由もいろんなものとつながっています。自分を見込んで投資してくれた人の期待に応えたり、店を維持しスタッフの生活を守れてこその自由なんです。また、そういう責任を果たすことで食材の生産者なども含めた店をとりまくコミュニティを豊かにしていくことができる。ですから２０１０年に「レフェルヴェソンス」でシェフという立場を与えられた時、料理をつくることに満足するのではなく、それによって社会に何かよい影響を与えたいと考えました。その思いは、東日本大震災を経験してさらに強くなっていきました。

力石　オープンからわずか半年後の出来事でしたね。震災後しばらくは東京の街も灯が消えたようになったし、心が折れそうになったこともあったのではないですか。

生江　というより「自分たちは何の役にも立てていない」と強く感じました。そこで料理人にできることは何かを考えた時に、まずおいしいものをつくることができる。それに、われわれは厨房という非常に制御しづらい職場で何時間も過ごしていますからマインドが強い。料理人は本来、非常時にこそ力を発揮するはずなんです。そのことを震災直後に参加したボランティアで実感しました。店を立ち上げて間もない時期に、こういう経験ができたのは自分にとって大きかったですね。

力石　今回のコロナウィルス禍でも、生江さんは先頭に立って飲食店を守るための署名活動や政治陳情をしたり、医療従事者への食事支援などに取り組みました。私はそうした姿を見て本当に心強く感じましたし、新しい料理人像を見る思いでした。

生江　僕はここでも「つながり」の大切さを再認識しましたね。医療従事者をはじめとするエッセンシャルワーカーや社会的弱者に対する食事支援のボランティアは、さまざまなレストランや料理人が連携することで実現できました。発起人であるフランス料理店「シンシア」の石井真介さんを中心として、弊社の「Citabria Food Lab」がメインキッチンとなるなど、それぞれが与えられた役割を果たした。またそのための費用はクラウドファンディングで募り、2300万円という金額が集まったんです。われわれを信じ、行動の意義を認めてそれだけの投資をしていただいたことが本当に嬉しかったですね。東日本大震災の時にはまだ十分にできなかったことが、やっと形になった。そんな気持ちでした。

「意識」でつながる時代には対話力が必須

力石　一方でコロナウィルス禍を機に、人々の行動が変わっていくことになると思います。新しい時代を見据えて、生江さんが重要な変化だと考えていることは何ですか。

生江　今回のことで一番深刻な問題だと思ったのはコミュニケーションの断絶です。一人ひとりが孤独になり、自分自身と向き合わなければならなくなった。これまでは外部と付き合うことによってそれを回避できたり、人と競争して勝つことで自分の存在を肯定できたわけです。そうした行動ができなくなり、多くの人が自分の弱さをあらためて感じたのではないでしょうか。その結果、これからのコミュニケーションでは、強さも弱さも含めて人同士が向き合うようになると思います。そして、そこではお互いが意識でしっかりとつながることが大事になるはずです。

力石　そういう時代にあっては料理人も、これまで以上にコミュニケーション力を高めていくことが必要になりますね。

生江　おっしゃる通りです。お客さまとの間で強い信頼関係をつくっていくためには、自分の意思をきちんと伝えないといけない。対話する力がこれまで以上に大切になると思います。僕はそのことを、18年に開いたブーランジェリー「ブリコラージュ ブレッド アンド カンパニー」で強く感じました。レフェルヴェソンスよりも間口を広くし、日常的な利用動機に応えることで多くのお客さまに貢献していきたいと考えてはじめた店です。それまで2万円のコースの内容を考えていたのが、5分後には1個200円のパンをどう売るかで悩んでいる。そういうギャップがすごく楽しかったんですが、お客さまと直接向き合って対話する力もこの店で鍛えられましたね。休業はしませんでしたから、不安な状況の中でお客さまがより深いコミュニケーションを求めていることも肌で感じました。

力石　料理人として、またビジネスマンとして幅広く活躍している生江さんは、若い料理人にとって大きな目標となる存在です。そういう立場から、次の世代にどんなことを伝えていきたいですか。

生江　そもそも僕たちの世代が、時代がすごく揺れ動く中で育ってきたと思うんですね。過去には一所懸命に働くことで豊かさを実現した時代があったし、大量生産・大量販売の仕組みをつくったことも多くの人の幸せにつながった。でもいま同じことをすれば、地球規模での環境破壊を引き起こしたり、その結果として不幸になる人がいたりするわけです。グローバル化が進み、多くの人がつながる世界になった結果として問題がどんどん複雑化しているし、そのことが料理人の仕事にも大きな影響を与えると思います。

力石　これから料理人が学んでいくべきことも多岐にわたってくるということですね。

生江　そうですね。若い人たちを導くうえでも、これまで教わってきたことをそのまま教えればよい時代でなくなったのは確かです。だから、われわれももっと勉強しなければなりません。いままでは自分のことだけで精一杯でしたが、次の世代の料理人が食の世界で生きていけるようにすることがわれわれのミッションです。食を通じたサステナビリティの実現、つまり持続可能な社会をつくることもそのひとつであり、そのために料理人が果たす役割はきわめて大きい。責任の重さとともに、仕事のやりがいも次の世代に伝えていきたいと思っています。

Photo:Luuvu Hoaug

東京都港区西麻布2-26-4
TEL03-5766-9500
http://www.leffervescence.jp

※店舗情報は2020年11月末日現在

レフェルヴェソンス

スペシャリテの「蕪を複雑に火を入れて シンプルに」に象徴される独創的な技法で日本ならではのフランス料理を表現。「一座建立」をコンセプトに一体感を追求したサービスと店づくりも評価が高い。ランチ、ディナーともメニューは2万8000円（税・サ別）のコースのみを提供している。

第4章

料理人こそサービスマンたれ

QSCにおけるサービスの重要性

皆さんは「QSC」という言葉を知っていますか。これは、外食業でもっとも大事にしなければならない3つの要素を、それぞれの頭文字をとって表現したものです。

最初のQはquality、つまり品質です。レストランでいえば、決められた通りの品質（おいしさ）の料理を提供することです。

2つめのSはservice。サービスとは単に接客だけでなく、お客さまをお迎えし、楽しい食事の時間を過ごしていただいて、気持ちよくお帰りいただくための一連の行動のことを指します。

最後のCはcleanlinessです。クレンリネスとは衛生管理のことであり、最悪の事態である食中毒の発生などを招かないように、お店を清潔に保つことです。

これらのうち、QとCは料理人であれば常に強く意識していることだと思います。しかしSについては、まだ取り組みが十分でない要素ではないでしょうか。

もちろん、かつてと比べると料理人のサービスに対する意識は向上しました。「俺の料理は旨いんだから、少々サービスが悪くても我慢すべき」とばかりにお客さまへの対応をないがしろにする。そういう悪しき料理人のイメージは払拭されてきています。でも、先に述べたサービスの意味を理解し、きちんと実践しているかといえば、まだまだだと思います。

スタッフを大切に。これがすべてのスタート

サービスがいい、というのは単にスタッフの言葉遣いのていねいさや、折り目正しい接客を指しているのではありません。お客さまがいま何を欲しているのかにいち早く気づき、先回りして行動することでお客さまの満足度を高めていくのがサービスです。そのために不可欠な気づきのことを「ホ

スピタリティ」と表現します。

ホスピタリティはスタッフの資質によるところが大きいものですが、それだけに頼ってはいけません。スタッフのホスピタリティが最大に発揮できるような環境を整えていくことが大事です。

それはつまり「スタッフを大切にする」ことです。放任せずにきちんと教育する、他店の視察など勉強の機会を与える、仕事だけでなくプライベートな悩み事の相談にも乗ってあげる、など。それでこそ、スタッフの中にお客さまを大切にする心が育ってきます。

そしてもうひとつ大事なのが、お店の中での人間関係です。これがサービスの良し悪しに直結します。たとえばキッチンとホールの息が合わなければタイミングよく料理を出せません。そういう基本ができていなければ、接客がいくらていねいであっても意味がないのです。

サービスというのは「総力戦」です。スタッフ一人ひとりの力を十分に引き出し、それを組み合わせて初めてよいサービスが実現できます。その決め手が、スタッフを大切にすることなのです。

4つのキーワードでサービスを考える

サービスのありようは時代に合わせて変わります。店のコンセプトや料理のスタイルが多様化するなかで、サービスも画一的ではなく、店の個性を表現するものでなければなりません。それを考えるうえでのキーワードが、以下の4つです。

①タテからヨコへ

かつてお客さまと店側とはタテの関係、つまり主従の関係にありましたが、これがヨコの関係に変わりつつあります。対等の関係ではありませんが、お客さまと同じ目線で、ともに楽しい食事の場をつくりあげるというサービスが求められています。

②「するな」から「しよう」へ

お客さまと店が主従の関係にあった頃は、サービスは〝禁則〟ばかりで成り立っていました。ミスをしたり、お客さまの気分を害さないように「〜するな」というルールでスタッフを縛っていたのです。でもいまは、お客さまに楽しんでいただくために「〜しよう」という積極的な姿勢が必要です。

③ 静的ではなく動的に

かつてのサービスは、お客さまから何か言われたら動くというのが前提であり、いわば静的なサービスでした。しかしこれでは、お店に活気が生まれてきません。お客さまの気持ちを汲んで先回りし、サービスマンが店内をどんどん動いてこそ、レストランならではの楽しさが実現できます。

④ 形ではなく心から入る

まず形から入るという考えが長く続いてきました。お辞儀は30度に、とか、料理の提供はお客さまの右側から、などですが、それはお客さまの満足度とは関係ありません。もちろん、お客さまを不快にさせるような態度やふるまいはご法度です。でもそれ以上に重要なのは、お客さまのことを大切に思うサービスマンの心なのです。

私自身が体験した素晴らしいサービス

私はかつて、京都駅ビル内の日本料理店「和久傳」で素晴らしいサービスを体験しました。一人でカウンターで食事をしていて、大根を使った焚合せが出てきた時です。素材も味つけも素晴らしく、しばし言葉を失う思いだったのですが、カウンター内の料理人さんは私の表情を見て、おだやかな口調でこう語りかけてくれました。

「この大根は今朝4時半に畑で採ってきました。そのおいしさをお客さまにお伝えできていたら、料理人としてとても嬉しいです」

実はこの料理人さんが、本書の150～154頁に掲載している対談でご協力いただいた緒方俊郎氏です。彼は、私の心の動きを表情から的確に読み取り、かけてほしい言葉を絶妙のタイミングでかけてくれたのです。この一言によって食事が格段に楽しいものになりました。

こうしたホスピタリティ、すなわち心と心の触れ合いがこれからのレストランには求められます。そのためにも先述した4つのキーワードに沿って、お客さまと店との新しい関係をつくる必要があるのです。

基本を徹底してこそよいサービスができる

これからのサービスは画一的なものではなく、その店ならではの個性が大事です。しかしそれは、くだけた口調や馴れ馴れしい対応がよいということではありません。調理と同様に、サービスでもやはり基本が大事なのです。

私がマネジメントを学んだアメリカのレストラン業界でも、それは同じです。日本と比べてサービスがカジュアルなイメージがありますが、学校の授業でも会社の初期教育でも、まず叩き込まれるのはサービスの基本。そして、そこでもっとも重要視されるのは「お客さまの快適さ」でした。

そのことが、従業員の動きや立ち居振る舞いのルールを決めていきます。たとえば手の動作ひとつとっても、お客さまの前で「人差し指で示す」「握りこぶしを見せる」「手を後ろで組む」はご法度です。これらはすべてお客さまを不快にし、時には恐怖感を覚えさせる動作だからです。メニューブックの中の料理を説明する場合でも、人差し指で示すのではなく、掌を上に向けて指を揃えて示す。こうした基本動作をおろそかにしないことが、お客さまの食事の満足度を高めます。

言葉遣いについても同じことがいえます。ここでも大事なのは、お客さまに気持ちよく食事をしていただくこと。筆者がアメリカで勤めたマーク・トーマス氏の店では、それを徹底していました。

たとえば、予約されたお客さまが来店された時。普通は「Do you have your reservation?（ご予約はお持ちですか？）」と言うところを、彼の店では「Are we holding your reservation?（私どもは、お客さまのご予約を承っていますでしょうか？）」と言っていました。お店における主役はあくまでお客さまであるという考え方が、ここに表れていたのです。

お客さまをお迎えする体制ができているか

レストランのサービスは、次の6つの仕事で成り立っています。
①クリーニング（清掃）／②スタンバイ（準備）／③セッティング／④ミーティング（朝礼）／⑤サービス（接遇）／⑥後片付け
接遇はサービスの一要素であり、これら6つがきちんと揃ってこそ、お客さまによ

いサービスを提供することができます。ここでも大事なことは基本の徹底です。

たとえばミーティング。皆さんが毎日行なっている営業前の朝礼は、基本に則ったものになっているでしょうか。朝礼では必ず、次のことを徹底しなければなりません。

①身だしなみのチェック／②携帯品のチェック／③当日のメニュー内容の確認／④当日の予約状況の確認／⑤業務連絡（前日の反省点など）

これらを15分間程度で実施しますが、大事なことはお客さまを余裕をもってお迎えし、営業時間中にまごついたりしない体制ができているかを確認することです。

基本の徹底とは、いわば土台づくり。サービスにおける個性は、しっかりとした土台の上に表現されるものでなければなりません。

「人への興味」こそ重要なニーズ

これからのレストランのサービスは、店側からお客さまに一方的になされるものではなく、双方向のコミュニケーションでなければなりません。かつて私はそのことを、ある日本料理店で実感することができました。

カウンター5席のみの小さな店ですが、カウンターの入口寄りのところにお茶を点てる炉が置いてあります。炉の周りは畳敷きで茶室のような雰囲気。ここで、食事の後にご主人がお茶を点ててくれるのです。このお店の造りとお茶のサービスは、お客さまを心からもてなそうという気持ちの表れ

ですが、これをきっかけにご主人と交わした会話が食事の満足度をさらに高めてくれました。

ふとしたきっかけでお茶の世界を知るようになり、その奥深さに惹かれたこと。日本料理の店をはじめるにあたっては、自分で点てたお茶をお客さまにふるまいたいと考えたこと。店のしつらえは、それを念頭に置いて考えたこと……。ご主人はけっしておしつけがましくなく、訥々と語ってくれました。そのお話を聞いているうちに、ご主人の人となりに興味が湧いてきたのです。

食事が終わって店を出る時、私は「この店にまた来たい」と思いました。それは「このご主人にまた会いたい」という強い思いでした。通り一遍の世間話などではなく、料理人の人となりを知ることのできる会話。それが再来店の大きな動機になるということです。

自分自身を磨くことで〝対話力〟が高まる

これからのレストランは、おいしい料理やサービスを提供するだけではいけません。あえていえば、お客さまの知的好奇心を満たす存在になる必要があります。

レストランを利用するお客さまの中に、この店ではどんな料理が出てくるのだろう、という興味に加えて、この料理をつくる人はどういう人なのだろう、という興味が生まれています。料理人と対面し、会話し、サービスを受けることによって、それを知ることが来店の大きな動機になっているのです。

お客さまが知りたいのは、料理をする人の人間像です。どのような経験を積んだ人なのか、どのような発想の持ち主なのかといったことを知り、それが料理やサービス、店づくりにどう表れているかを味わい体感する。それはレストランならではの楽しさといえます。私が先の日本料理店で感じたのも、まさにそれでした。

だからこそ、これからの料理人は料理の技術を磨くだけでなく、自分自身を磨いていかなければなりません。そのために興味の幅を広げ、教養を深めていく必要があることはすでにお話しした通りです。

料理の世界にだけ閉じこもっていないで、新しい趣味を持ったり、幅広い知識を身につける機会を持つことが大事です。そして、その趣味を通して新しい人間関係をつくっていく。そのことは結果として、お客さまとの「対話力」を高め、よいサービスを実践することにもつながるのです。

客単価はサービスの善し悪しで変化する

客単価はレストランにとって大事な数字であり、経営上の重要な指標です。場合によっては、売上高や利益よりも重要視すべき数字が客単価です。

レストランは客席数に限りがある以上、1日に来店する客数にも自ずと限界があります。とすれば、売上げを上げるには客単価を上げていくしかないことになります。

もちろん、客単価は無理に上げるべきものではありません。メニューの価格を安易に上げれば、たちまち客離れを招きます。客単価はあくまで、〝自然に〟上がっていかなければならないのです。

自然に、つまりお客さまにとっても店側にとっても無理なく客単価を上げていくことが大切です。そのためのポイントもまた、サービスにあります。

満足度が上がれば必ず客単価は上がる

客単価を上げるためのポイントになるのは、店側が提供したいと考えているメニューをお客さまに注文してもらうためのサービスです。その根底には「お客さまへの思い」が必要です。

たとえば、その日のおすすめ料理を本当に心を込めてお客さまにおすすめできるか。それには、料理をつくったシェフや厨房スタッフだけでなく、サービススタッフを含めた全員が思いを共有していなければなりません。

スタッフ全員の気持ちが、お客さまに満足していただこうという方向に向かっていれば、それは必ずお客さまに伝わります。結果として、スタッフからのおすすめの言葉も説得力が違ってきます。少し価格が高いメニューであっても食べてみようかとなるし、食後のチーズなどの追加オーダーもいただけるようになります。自然に客単価が上がるわけです。

大事なことは、お客さま

からの信頼です。そのためには、場合によっては、お店のネガティブな情報を伝える必要もあります。

たとえば、不漁によって思うような質の鮮魚が入手できなかった場合には、魚料理を毎回注文される常連のお客さまに「このお料理は今日ちょっとおすすめできないので、代わりにこちらはいかがですか」と正直に話す。そういうことの積み重ねが信頼をつくっていくのです。

客単価と客数は相反する関係にある、という意見があります。客数を増やすためには客単価を下げなければならない。あるいは客単価が上がると必ず客数は減っていくというのですが、けっしてそんなことはありません。

客単価が無理なく上がるのは、お客さまの満足度が高まっているからに他なりません。とすれば、その結果として必ず客数が増えていくはずなのです。そういう、お客さまと店が「Win-Win」になる関係をつくっていくためにも、サービスはもっとも重要な要素といえるのです。

お店のディテールが満足度を左右する

よいサービスを実践するうえで大切なのが、お店の「コンセプト」です。どういうお客さまのどのような動機に対応するのかという、いわば「お店の狙いどころ」を表現したものがコンセプトであり、それはメニュー構成や価格、サービススタイルなど、お店を構成するすべての要素と関連してきます。

コンセプトがあいまいな店は、お客さまの支持を得ることはできません。また先述した各要素とコンセプトが合っていない店は、お客さまにとって違和感があり、居心地の悪さを感じてしまうものです。

これからのレストランは商品のクオリティやお値打ちを追求するだけでなく、食事全体の満足度を高めていかなければなりません。そのためには、コンセプトをはっきり決めることと、それに沿ってメニューやサービス、店づくりなどはどうあるべきかを突き詰めていくことが不可欠です。すなわち統一感が重要なのであり、そこで大事になってくるのがお店の「ディテール」です。

細部にこそ表れるお客さまに対する姿勢

「神は細部に宿る」という言葉があります。全体を見るだけでなく細部（ディテール）にもこだわらなければいいものはつくれない、という意味ですが、これはレストランビジネスにもそっくりあてはまります。細々した部分をお客さまは見ており、それが店全体のイメージを決定づけたり、満足度を左右しているものです。

たとえばパンフレットやショップカード。これは単に情報を伝えるだけでなく、店のイメージを打ち出すうえで重要なツールです。店を象徴する色、すなわちストアカラーを決めて、こうしたツールや内装のアクセントに使えば、店全体に統一感が生まれてきます。

メニューブックにしても、店はフォーマルな感じなのに安っぽい紙質だったり、カジュアルすぎる表現や文字が使われていると、妙にちぐはぐな感じを与えます。それが薄汚れていたり、一部が破損していたりすれば、それだけで満足度は下がってしまいます。

もうひとつ、重要なのがトイレです。お客さまが直接関係する店の設備の中で、もっとも大事なのがトイレと言っても過言ではありません。なぜなら、トイレは店の中で唯一、お客さまが一人で過ごす空間だからです。たとえ短い時間であっても、そこで抱くイメージは強くお客さまの中に残ります。

私は赤坂のある和食店でトイレを利用し、深い感銘を受けました。その店では、手洗いなどの設備がすべて銅板でできています。しかもそれが、顔が映り込むほどピカピカに磨かれているのです。客席を含めてその店のクレンリネスが完璧であったことは言うまでもありません。そして当然のことながら、サービスも非常にゆきとどいたものでした。

ご存知のように銅板は、少しでも手入れを怠ればすぐに輝きを失ってしまいます。ピカピカのトイレは、その店のお客さまに対する真摯な姿勢を象徴していたのです。

サービスも細部を統一することが大事

そうしたディテールを含めて統一感を保つことは、お客さまに店のコンセプトをはっきり伝えるために非常に重要になります。

よく、コンセプトとイメージを混同している場合があります。しかし、店側が「こんな感じの店」と思い描いているだけでは、お客さまには伝わりません。どういう店にしたいかという明確な像があり、その実現に向けて店を構成する各要素を突き詰めていって初めて、店がやりたいことをお客さまも理解してくださる。つまり、お客さまに〝響く〟わけです。

それはとくに、サービスにおいて顕著です。フォーマルなサービス、カジュアルなサービス。コンセプトによって実現すべきサービススタイルはさまざまですが、重要なのはサービスを構成する要素を統一することです。ここでも、すべてのスタッフが同じ方向を向いている必要があるのです。

そして、ここで大事なのもディテール、つまり細かい部分です。

スタッフ全員が同じユニフォームを着ているのに、各人がバラバラな感じを受ける店があります。逆に、スタッフの服装はけっこう自由であるにもかかわらず、全体にビシッと統一された印象を与える店もあります。これはディテールを突き詰めているかどうかの違いです。

ここでいうディテールとは、スタッフの立ち姿や表情、髪型やお化粧のしかたなどを指します。これらがスタッフの間で共通していることがポイントです。女性スタッフのほとんどがナチュラルメイクなのに、1人だけ化粧の濃い人がいると、お客さまは何か居心地の悪さを感じてしまいます。

大人としての表現を全員が身につけているか

さらに重要なのが言葉遣いです。フォーマルであろうとカジュアルであろうと、店としての接客用語のルールはきちんと決めておく必要があります。しかし、フォーマルなサービスをめざしている店でも、この点をおろそかにしているケースが意外に多いものです。一言で言えば「大人としての表現」ができていないのです。

たとえば「(メニューを) あとでお持ちします」「(料理の) お味はどうですか」と

いう表現。これはどちらもフォーマルな言葉遣いとしては間違っていて、正しくは「後ほどお持ちいたします」「お味はいかがでしょうか」です。

同じような言葉遣いの間違いは他にもあります。以下に例を挙げてみましょう。

×さっき↓○先ほど
×いま↓○ただいま
×ミス↓○不手際
×今日↓○本日

こうした正しい表現をスタッフ全員が自然にできていて初めて、サービスに統一感が生まれ、お客さまに店のコンセプトが伝わるのです。

めざすべきサービスを全員で共有しよう

コンセプトとは「店の狙いどころ」であり、店を構成するさまざまな要素によって表現されますが、中でもサービスはもっとも重要な要素です。

とりわけ大事なのは、サービスと他の要素がしっかり連動し、店に統一感があることです。料理のスタイルや提供方法、価格、店づくりとサービスの間に、違和感がないことが重要になります。

内装にはしっかりお金をかけて、フォーマルな雰囲気にしているのに、スタッフの言葉遣いがぞんざいだったり、逆に気軽なビストロであるにもかかわらず、サービスがかしこまりすぎ

ていたり。つまり、ハード（設備）とソフト（サービス）のバランスがとれていない店というのがあります。

あるいは、ワインをたくさん揃えて価格も高い銘柄があるにもかかわらず、お客さまが望んだ味や価格のワインをスタッフが提案できず、結果的に満足してもらえないということもよく見かけます。

こうしたことが起こるのは、オープン前にオーナーシェフと他のスタッフとの間で、「こういう料理を出したい、あるいはこういうワインが売りたいから、こんなサービスをしよう」というすり合わせができていないからです。店づくりについてはデザイナーなどと打合せを重ねているのに、サービスはオープン直前に人を集めてぶっつけ本番という例も目立ちます。

新規オープンに際してサービスの経験がある人材を招聘するケースがありますが、いくら有名店で経験を積んでいても、そのサービスが通用するとは限りません。

基本のサービスの上に自店のスタイルを

サービスのスタイルを決めるうえで大事なのは、あくまで基本です。基本となるサービスがあって、そこにいかに自店ならではのものを打ち出すか、という観点で考えていく必要があります。

レストランのサービスは、基本となる4つのスタイルがあります。代表的なものが、キッチンでお客さま一人ひとりの皿に料理を盛りつけてサービスするもので、「アメリカンサービス（プレートサービス）」と呼ばれます。

それ以外に、大皿に盛りつけた料理を客席で取り分ける「ロシアンサービス（プラッターサービス）」、客席でワゴンなどで最終調理する「フレンチサービス（ワゴンサービス）」があります。さらに、その日のホスト役のお客さまが他のお客さまのために料理を取り分けるスタイルもあり、これは「イングリッシュサービス（ファミリーサービス）」と呼ばれます。

サービスを考えるにあたっては、ベースはアメリカンで、料理やシチュエーションによってロシアンやフレンチのスタイルを組み合わせる、というように決めていきます。さらに、そこでお客さまにどのように声がけするか、言葉遣いはどうするか、といったことを話し合い、ルールとして徹底していくのです。こういうプロセスを経ることで、サービスと他の要素との統一感が出てきます。

ルールを定めることがサービスの質を高める

コンセプトに合ったサービス、統一感あるサービスを実現するには、まずは基本の徹底が重要です。そのうえで、自店が考えるサービスを実現するために、スタッフ全員が店のルールを守る必要があります。

ルールと言うと、皆さんの頭に浮かぶのは「マニュアル」という言葉ではないでしょうか。「マニュアル的＝画一的」と理解されることが多く、あまりいいイメージを持たれていないかと思います。ただ、マニュアルと表現するかどうかは別として、店のルールは不可欠です。

レストランのサービスには、大きく分けて①案内、②食事中のサービス、③見送り、の3つのシチュエーションがあります。このそれぞれについて、店側が守るべきルールと、大事にしなければならないことを明確にして、スタッフ全員で共有する必要があるのです。

上からの押しつけではうまくいかない

たとえば①では、必ずお客さまを名前でお呼びして席に案内する、など。さらに、お客さまの服装や会話などから利用動機（プライベートか接待か、記念日的な利用か、など）を察知することも、その後に的確なサービスをするうえで大事になってきます。

②では、お客さまの食事中の様子をきちんと把握しなければなりませんが、その前に重要なことがあります。それは、お客さまが席についてから最後の料理をお出しするまでの標準的な時間と、それぞれの料理をどういうタイミングで出すかを決めておくことです。

もちろん実際には、お客さまの食事のペースに合わせて調節していくわけですが、標準的な時間とタイミ

ングがキッチンとホールの間で共有されていれば、「（標準よりも）少し早く」「ここは少し遅らせて」といった具合に細かな調節がしやすくなります。
③の見送りでは、食事に満足いただけたかを尋ねることと、また次回の来店をお待ちすることを心からの感謝とともにお客さまに伝えることが大事です。そのためにも、シェフが自らお見送りする、あるいはサービス責任者（チーフ）が店の外までお送りする、といったことを決めておきます。そして、お客さまが帰る際には、他のスタッフが直ちにシェフやチーフの作業を代行したり、手薄になる作業のフォローに入ることをルールとして決めるのです。
こういったルールづくりは、上が勝手に決めて下にやらせる、というやり方ではけっしてうまくいきません。店をオープンするにあたって、どのようなサービスをするかを全員で話し合うことが大事だと前項でお話ししましたが、ルールについてもその議論の中で決めていく必要があります。

そうであって初めて「なぜ、そうしなければならないのか」という理由を含めてスタッフ全員がルールを共有することになります。それこそが、統一感があり、かつお客さまに満足していただくサービスを実現する最大のポイントなのです。

店の中に存在する「壁」をなくそう

ルールの共有を含めて、よいサービスを実践するには「店の一体感」が必要です。お客さまに楽しい食事の時間を過ごしていただくためには、店のすべてのスタッフが一体になることが大事なのです。

ところが、多くの店にはそれを妨げる「壁」が存在します。料理をつくるキッチンと、サービスを担うホールの間にある壁です。とくにオーナーシェフの店では、キッチンが主でサービスは従という関係が目立ち、それが店の中に目に見えない壁をつくっています。

「おいしい料理をつくってお客さまを喜ばせるのはわれわれ調理スタッフ。ホールはただ料理を運んでいればよい」という考えでは、一体感は決して生まれません。ホールがキッチンの顔色をうかがうような関係は、店の中によそよそしい雰囲気を生みます。それではお客さまに楽しい食事の時間を提供することはできません。

「リーダーシップ」という言葉があります。全体を統率していく力のことであり、シェフには不可欠な能力ですが、それは命令によって相手を従わせるという意味ではありません。常に全体を把握してスタッフに的確な指示を出し、共通の目的を達成できるようにスタッフ全員を導いていくことが本来のリーダーシップです。

日本では、シェフの仕事がプレーヤー（調理人）の仕事に偏っているケースが目立ちます。高い調理技術を持つことが料理人のモチベーションになっているためですが、オーナーシェフがプレーヤーに終始してしまうのは危険です。なぜなら、お客さまの満足は「お皿の上」だけで実現できるものではないからです。

キッチンはホールに敬意を持って接する

オーナーシェフの店における役割は、プロデューサーであり、ディレクターです。つまり、お客さまが来店されてからお帰りになるまでのプロセスをしっかりと頭に入れて、顧客満足を実現するためにスタッフ一人ひとりに役割を与えていくのがオーナーシェフの仕事です。

とくに、お客さまと直に接するホールスタッフは、お客さまの代弁者でもあります。ですから、キッチンはホールスタッフの意見をけっしてないがしろにしてはいけません。むしろ、「料理が目の前に出てきた時のお客さまの反応はどうでしたか?」「食事中のお客さまの様子はどうでしたか?」「料理について何か話をされていましたか?」というように、シェフが率先してホールスタッフに声をかけているというのが、あるべき姿です。

そのためには、オーナーシェフ自らがホールスタッフに敬意を持ち、お客さまの情報をフィードバックしてもらうという関係をつくらなければなりません。

実はこれこそ、店における「組織づくり」の第一歩なのです。組織は大企業などに限ったものではありません。複数の人が集まり共通の目的に向けて仕事をしていく時、そこには必ず組織ができます。その組織づくりはまず、店の中に存在する壁をなくすことからはじまるのです。

トラブル対策は店の姿勢が問われる

レストランは多くの人が集まるいわば公共の場であり、店を運営していくうえではさまざまな不測の事態が発生します。それがお客さまを巻き込む事態になればトラブルに発展し、お客さまからのクレームの要因になってしまいます。

もっとも、トラブルの中にはお客さまの側に原因があるケースも多くあります。「モンスタークレーマー」と呼ばれるような悪質なものでなくても、態度や言葉遣いが横柄だったり、自分勝手な言動をとる人はいるものです。そうした人がお客さまの中にいると、店の雰囲気を壊し、他のお客さまの満足度は下がっていきます。

店側としては、そうした事態が起こるのを避けなければなりません。そのために大事なことは、店としてしっかり対応策を決めておくことです。事態が起こってから対処するのではなく、店側のペースで物事が進むように、全体をコントロールする必要があります。

たとえば、食事に飽きた子供のお客さまが騒ぎはじめたという場合。他のお客さまの迷惑になるので、静かにしていただくようにきちんと、かつ相手を不快にしない態度と言葉遣いで伝えなければなりません。ただ、そういう事態が店の真ん中にあるテーブルで起こったりすると、店全体の雰囲気を非常に悪くしてしまいます。

ですから、子供連れのお客さまは他のテーブルから見えにくい位置にある客席か、個室に案内することです。そうした事態が起こることをあらかじめ想定し、起こった場合でも影響が少なく済むようにしておくことが大事なのです。

毅然とした姿勢が顧客満足を高める

予約されていたお客さまが来店されない、あるいは突然キャンセルされたというのも、レストランでよくあるトラブルです。そしてこれも、未然に防ぐための店側の行動が大事です。具体的には、前日には必ず電話で連絡を入れ、予約内容を確認することです。

最近では「キャンセルポリシー」を明確に示し、突然のキャンセルはお食事代をいただく旨を伝えている店もあります。店側はお客さまを迎える態勢をきちんととっているのですから、当然でしょう。大事なことは、店としての毅然とした姿勢を示すことにあります。

予約を受ける際にお客さまの名前を、苗字だけでなくフルネームでお聞きする店も増えてきました。自分のファーストネームや連絡先まで伝えている店に対しては、突然のキャンセルなど身勝手な行動はとりにくくなるものですから、これは心理的に効果のある方法だといえるでしょう。

商売である以上、お客さまを大事にしなければなりません。でもそれは、身勝手な行動を許すことではけっしてないのです。お客さまにどういう食事の場を提供するかを明確にして、その実現のために全力を尽くすのが店としての責任です。トラブル対策は、そうした店の姿勢こそが問われます。

クレーム発生時こそ固定客獲得のチャンス

店側の不手際でお客さまにご迷惑をかけたり、ご不満を与えたりすれば、お客さまからのクレームが発生することになります。このクレームを的確に処理できるかが、レストラン経営における重要なポイントです。とくに注意しなければならないのは、その情報がスタッフによって隠ぺいされてしまう恐れがあることです。

「こんなことがオーナーシェフの耳に入ると怒られるから、黙っておこう」といった、臭いものに蓋をするような体質が店の中にあれば、その組織はどんどん腐敗していきます。それは結果として、深刻な顧客離れ

を招きます。

飲みものを誤ってお客さまにかけてしまったといったケースは、いわば〝現象面のトラブル〟であり、起こったことが誰の目にも明らかです。隠ぺいのしようもなく、その場できちんと対応すれば問題が尾を引くことはありませんが、怖いのはお客さまの心に内在する〝精神面のトラブル〟です。

サービスがぞんざい、言葉遣いが失礼といった不満をお客さまが表明されても、それがスタッフの段階で止まってしまうことがあります。これを放置すれば再来店が望めないだけでなく、近年ではネットを通じて悪い評判が拡散することになります。

チェーンに学ぶ情報共有と対策の徹底度

そもそも精神面のトラブルによるクレームを寄せてくださるお客さまはそう多くありません。だからこそクレームに真摯に向き合い、今後の糧にしなければなりません。あるレストランチェーンでは、お客さまからクレームがあれば店長がその場でお詫びするとともに、クレーム内容を書面で本部に報告しています。そこには、現場でどのような対応をしたか、同様のことが今後起こらないように何をするかも記載します。

報告書は店を統括する部長が受けとり、従業員教育などの対応策を記載したうえで担当役員に渡し、最終的には社長が確認します。

このチェーンは店数が100店以上ありますが、クレーム発生から社長に報告書が届くまでは3日以内です。さらに、発生から1週間以内にはお客さま宛てにお詫びの手紙が社長名で届きます。そこには、会社としてこの問題をどのように受けとめ、今後どう対応していくかも書かれています。

お客さまは、自分のひと言にここまで真摯に対応してくれたことに驚くでしょう。その驚きの気持ちは店への信頼となり、再来店へとつながっていくはずです。

個人店でも同様に、クレーム発生の事実と内容、それを防ぐためにどういう対策をとっていくかを、店の中ですべてオープンにしなければなりません。開店前と閉店後のミーティングの際に、スタッフ全員で情報を共有しましょう。

そして、クレームを言ってくださったお客さまが次に来店された時は、まず「前回は大変ご迷惑をおかけして申し訳ございませんでした」とお詫びする。このひと言でお客さまの中に安心感と、店に対する信頼が生まれます。クレーム処理は、まさに固定客づくりの出発点と言えるのです。

「おいしさ」はサービスによって実現される

本章の最初でお話ししたQSCのうち、Q（品質）とS（サービス）は密接に関係しています。それはレストランにおける「品質管理」に直結する問題です。

品質管理というと、皆さんは何をイメージするでしょうか。食材管理の徹底や、決められた通りの調理作業を行なうことなどがまず頭に浮かぶでしょう。もちろんそれも、品質管理において不可欠なことです。

しかし、それだけで十分とはいえません。先に挙げたことは、あくまで厨房内における取り組みですが、レストランの仕事はそれにとどまるものではないからです。品質管理を徹底するには、まず品質とは何かを明確にする必要があります。

おいしさは「料理の味」だけではない

レストランにおいて「よい品質」とは、すなわち「おいしい料理」のことですが、その品質のよしあしを判断するのはお客さまです。厨房内でどれだけおいしく仕上がったとしても、それがよい状態を維持したままお客さまの元に届けられなければ、品質管理ができているとはいえないのです。

つまりここでは、厨房とホールの作業がしっかりと連携していることが不可欠です。ディッシュアップされた料理がすぐにサービスされず、たとえば1分以上もそのまま放置されていたりすれば、品質はどんどん劣化します。

おいしさとは料理の味だけを指すものではありません。タイミングよく提供されることも重要です。グループで来店した際に、全員が同じペースで食事を楽しめることも、おいしさを大きく左右します。コース仕立てで提供する場合、前菜とスープはいい状態でタイミングよく提供されたのに、それに続くメイン料理までに大きく時間が空いてしまったりすれば、それまで

のおいしさが台無しになってしまいます。

同じテーブルのお客さまには同時に料理を提供する、same time serviceはレストランにおけるサービスの鉄則ですが、これが守られないとおいしさは実現できません。お祝いや接待などで来店されたお客さまに対しては、とくに注意する必要があります。招いた側の料理が先に提供され、招かれた側のお客さまの料理は待てど暮らせど出てこない、というのは最悪です。料理自体の品質がいくら高くても、その食事は文字通り「味気ない」ものになってしまいます。

「時間のスタンダード」を全員で共有する

こうした事態を防ぐためにも、先に述べた厨房とホールの連携が不可欠です。もっとも大事なことは、ホールスタッフがお客さまの食事の進行状況をつぶさに厨房に伝えることですが、その前提として「標準調理時間」を頭に入れておく必要があります。

料理の一品一品について、調理開始から仕上がりまでの標準的な時間をホールスタッフが把握していることです。これによって、お客さまの食事の進行状況を見ながら適切なタイミングで次の料理の調理スタートを厨房に指示することができます。

お客さまの標準的な食事時間をスタッフ全員で共有していることも大事です。たとえばサービス開始からデザート提供までを2時間として、その中で前菜から○分後にスープ、その○分後にメイン料理といった具合に、各料理の提供時間の基準を決めておくのです。

もちろん、お客さまによって食べるスピードは違いますから、すべてこの通りに進むとは限りません。提供時間を早めたり遅らせたりする必要は当然あるわけですが、スタッフ間で「時間のスタンダード」を共有していて初めて、そうした微調整も的確かつスムーズにできるようになります。

これもまた、よいサービス実現のために必要なルールに他なりません。レストランにおける品質（＝おいしさ）は、あるべきサービスがともなっていて初めて実現することができるのです。

力石寛夫 × 緒方俊郎氏

緒方

「京都 和久傳」料理長を経て独立し、2008年に「緒方」を開業。四季折々の素材の魅力を最大限に引き出す繊細な技法と、ホスピタリティ溢れるサービスによって、緒方を京都で屈指の評価を得る日本料理店に育てた。

力石　この本にも書いていますが、いまから20年前、京都の「和久傳」で料理長を務めていた緒方さんに初めて会った時のことをよく憶えています。カウンターに立つ緒方さんがかけてくれた一言で、食事が本当に豊かで楽しいものになりました。まさに「プロの仕事」を感じましたが、緒方さんが考えるプロとしての料理人像はどのようなものですか。

緒方　私が修業をはじめた頃の料理界はまだ典型的な縦社会で、それを新しい形にしなければならないと考えていました。また料理人の仕事も、単にいい料理をつくるだけではなく総合的な満足度を提供することが大事であり、それこそがプロの仕事だと思っていたんですね。ただ、それを実現するにはしっかりした〝根っこ〟をつくらないといけない。その根っこは、日々の仕事の繰り返しによって培われていくものだと思います。

力石　慢心することなく、基本を徹底して身につけることが大事であると。

緒方　そうですね。昔から料理屋の基本は一に掃除、二に掃除と言ったりしますけど、それは毎日の積み重ねこそが大事ということを示しています。そうした継続した努力が可能性を生む。そこでは、日本人の特質である節度や謙虚さを持ち続けることが大事だと思いますね。いまは本当に変化が速い時代だし、変化に対応していくことも大切ですが、その中で守っていくべきものはある。変化対応にばかりとらわれていると、日々の仕事の中で感動したり感激することを忘れがちですが、それではいけないと思います。自分を常に高める努力を続けていけば、それによって新しい感動や感激を得られるはずで、私自身もそうありたいと考えています。

お互いを認め合うことが一体感につながる

力石　料理人が自分を高めることは、料理の技術だけでなく経営についても幅広い知識や能力を身につけることも含まれると思います。この点で日本は欧米と比較して遅れていますが、緒方さんは日本の料理人、とくに日本料理の料理人が経営において大切にしなければならないことは何だとお考えですか。

緒方　たくさんありますが、一番は「垣根をつくらないこと」だと思います。これまではホスピタリティ溢れるサービスをすることと、おいしい料理を追求することは別々のものと考えられてきました。でもその2つは姿かたちは違えど精神はまったく同じなんですね。店のしつらえなどにも共通することで、単にお金をかければいいわけではなく、お客さまを心からもてなそうという気持ちが大事だと思います。「心意気」が満足度を高めることは、料理もサービスも同じですから。

力石　緒方さんのお店に行ってまず感じるのは、全体の「統一感」です。日本料理の世界では「料理が上でサービスは下」という考えが根強くありましたが、緒方さんのお店は全員が一体となってお客さまをもてなそうという気持ちが強く伝わってきます。

緒方　そうおっしゃっていただけると嬉しいですね。サービスについては女将である妻に任せていますが、よく意見交換をします。お互いが日々、決して手を抜くことなく真剣に仕事に取り組むのは当然のこととして、それを認め合うことが大事だと思います。お客さまの満足度を高めるために、お互いが助け合っているんだと。そういう気持ちはスタッフ全員で共有していきたいですね。

力石　それがサービスのあり方に大きくかかわってきます。これからのサービスは「for」ではなく「with」でなければならない。「お客さまのために」という受け身の姿勢から脱して、お客さまに寄り添い、ともに満足度を高めていくという考え方が必要です。このことは経営全般について言えることで、緒方さんの店で感じる一体感は、それが実現できている証拠だと思います。

緒方　ありがとうございます。まだまだ十分とは言えませんが、そう感じていただけるのはスタッフが育ってきたことも大きいと思います。実は若い子たちから、顧客管理の新しいシステムをつくりたいと言ってきたんですよ。お客さま一人ひとりについて、お出しした献立やお客さまの好み、アレルギーの有無などをきちんとデータ化しようと。取り組みはじめたところでコロナウィルス禍が起こったため一時ストップしていますが、お客さまにご満足いただくための提案が彼らからあがってきたことを、非常に心強く感じました。

「この店はこれだ」という根っこが大事

力石　それは緒方さんが人をきちんと育ててきたことの成果ですね。若い人たちは独立することをめざして研鑽を積んでいると思いますが、彼らの経営者としての能力を高めるために取り組まれていることはありますか。

緒方　それについても新しい形を考えています。スタッフとの間で「10年で卒業」を前提にした雇用契約を結ぼうと。きちんとした労働条件と給与水準を保証したうえで、給与についてはは能力給制度をとり、10年間で自立できるだけの能力を身につけさせようという考え方です。また、２０２１年の秋に京都で次の店をオープンする予定なのですが、この店が軌道に乗れば、スタッフの中で力のある人に経営を任せたいと考えています。そのために、店の屋号や経営主体の変更が可能な条項を賃貸契約に入れました。そういう具体的な目標があればスタッフもさらに頑張れると思うし、私にとっても新しい事業展開の可能性が広がることになりますから。

力石　素晴らしいことですね。若い人たちは明確に独立を見据えて日々の仕事に取り組むでしょうし、そのためにいろんな勉強が必要なこともわかってくると思います。

緒方　おっしゃる通りで、勉強を続けることが何よりも大事だと思います。修業中はもちろん、店を持った後も常に「その先」を見据えていなければならない。私も独立してから多くの方とお会いしたり、いろんな本を読んだりして勉強させていただいてきました。本を読むことひとつとっても「こんな解釈があるのか」「こういう考え方が料理に反映されるのか」といったさまざまな発見があります。そのことは間違いなく前に進んでいくための大きな力になっていたと思います。

力石　コロナウィルス禍で人々の生活は一変しました。その中で、緒方さんがこれから大切にしたいと考えていることは何でしょう。

緒方　今回の事態は誰も予想できなかったことだし、誰のせいでもありません。備えができていなかったことを謙虚に認めつつ、前に進んでいかなければならないと考えています。でも同時に、やるべきことが明確になったとも思います。私には料理を通じてしか世の中に貢献することはできません。でも、その中でできることはたくさんあります。医療に従事者する方々の懸命の努力には本当に頭が下がりますが、人の命を預かる存在であることは医師も料理人も同じだと思うんです。

力石　確かに、人々の心身の健康に貢献するのは料理人の使命だし、そのためにこそ知識や能力を生かさなければなりませんね。

緒方　そこで大切になるのが料理人としての根っこだと思います。コロナウィルス禍が起こってから毎日京都の街を走っていまして、いろんな車が停まっているのが目に入ります。それらは車種やデザインなどが違いますが、一番の違いは「載っているエンジンの違い」なんだと気づいたんですね。エンジンの違いが「これはトヨタだ」「これはベンツだ」と認識させることになっている。このエンジンこそが根っこなんですね。われわれ料理人も同じように、料理にしろサービスにしろ「この店はこれだ」という土台をしっかりとつくっていかなければならないと思います。

京都市下京区四条通新町西入ル新釜座町726
TEL075-344-8000

※店舗情報は2020年11月末日現在

緒方

もと呉服問屋だった建物を改装した店舗はカウンター8席と個室（8席）で構成。おまかせで3万円～（税・サ別）のコースは全10皿で、四季折々の素材の持ち味を繊細な技法で引き出した料理が次々に供される。しつらえや器にもこだわり、店全体で日本料理の醍醐味を表現している。

第5章

人を育てるのは料理人の責務

人材育成は組織をつくることがスタート

「マネジメント」を人材管理の面からみると、その本来の意味は達成したい経営目標に向けて経営にかかわるすべての人の力を引き出し、その力を結集することを指します。教育訓練によって能力を高めたり、評価を通じてモチベーションアップを図ることは、そのための具体的な方法です。

それこそが人材育成です。料理人が真の職業人として社会的な役割を高めていくためには、次代を担う人材を育てていかなければなりません。

そこで重要になるのが「組織」をあるべき形でつくり、それを有効に機能させることです。組織というと、上司から部下への指示命令系統や、管理のための仕組みをイメージするかもしれませんが、それだけではありません。

組織づくりとは、経営目標に向けて意欲を持って働く人を集め、その人たちの思いを一つにすることです。このことは、何千人という従業員を抱える大企業であろうと、オーナーシェフが経営する小さな店であろうと変わることはありません。つまり、組織づくりはマネジメントそのものなのです。

作業しか教えないのは人を道具と見ている証拠

調理や接客の経験のない人に対しては、具体的な作業を一から教えていくことになりますが、その際に不可欠なのはオーナーシェフ自らの思いを同時に伝えていくことです。単に作業を教えるのではなく、その作業の背景にどのような考え方があるのかを合わせて教える必要があります。

たとえば、野菜の仕込み作業。切り方などの具体的な作業を教える前に、しっかりと教えておくべきことがあります。

それは、なぜこの野菜を使うのか、どのようにして仕入れルートを築いてきたか、生産者はどのような思いでこの野菜をつくっているか、といったことです。そして、食材についてより深く知るために書物などを通じて野菜の知識を身につけるといった、自己啓発のための課題を与えるのです。

こうした教育をすることなく、いきなり作業の訓練から入るのは、人を単に道具と見ているのと同じです。それでは自発的に働くスタッフは育たないし、スタッフの思いを一つにすることもできません。そういう職場では当然、働きがいもありませんから、定着率も上がらないことになります。

サービス業は、働く人の気持ちのありようがお客さまの満足度を大きく左右するものです。商品づくりからサービスまで、すべてに人がかかわるレストランビジネスであれば、それはなおさらです。

店としての共通の目的に向けて、いいものをつくっていこうという人の集まりにしていくことが、レストランにおける組織づくりです。「上司や先輩に命令されたから」とか「ルールで決められたことだから」という理由だけで動く組織では、けっしてお客さまの満足を得ることはできません。

採用の成否で店の将来が決まる

人材育成のために不可欠な組織づくりは、人を採用することからはじまります。これは「採用によってわが店の将来は決まる」というくらい真剣に取り組まなければならないことです。それだけ重要な経営課題であるにもかかわらず、多くの店では単に数合わせの採用に終始しています。

たとえば面接です。面接は本来「同じ価値観を共有できる人か」を確認するためのものです。しかし多くの店では、イエスかノーで答えられる質問ばかりをしているのではないでしょうか。「うちに入ったらこう

いう仕事をしてもらいますが、いいですか?」「勤務条件はこうですが、大丈夫ですか?」といった具合です。

そうではなく、面接はその人の価値観、とくにQSCについての価値観を確認しなければなりません。QSCとはすでにお話ししたように、Q(品質)、S(サービス)、C(クレンリネス)という、店舗運営における最重要事項です。

このQSCについて、応募してきた人の考え方を引き出し、確認していくのが面接の目的なのです。

面接では時間をかけてその人の考えを引き出す

それを前提にすれば、Qについての質問は以下のようになります。

「あなたはなぜ料理人という職業を選択したのですか?」「あなたが考える料理人の使命、社会における役割は何ですか?」

こういった質問に対する答えから、オーナーシェフである自分と同じ意識を持っているか、目標を共有できる人かどうかを確認するのです。

サービスについても同様です。たとえば「あなたにとってお客さまはどのような存在ですか?」という質問をしてみましょう。たんにお金をいただく対象として見ているのか、店で楽しい思い出づくりや豊かな食体験をしていただく大切な存在と考えているかで、その答えや話しぶりは違うはずです。

クレンリネス=清潔さは、人によって感じ方や判断基準が異なる要素ですから、これもその人の考えをしっかり確認する必要があります。食中毒についての基本的な知識(原因菌や発生の条件など)を持っているか、衛生管理を徹底するための行動がとれる人かを確認しなければなりません。

「うちの店ではクレンリネス維持のためにこういう取り組みをしている」という話をすると、興味をもってさらに質問してくるようであれば、高い意識を持っていると判断できます。逆に、それを聞いて面倒な表情や受け答えをする人なら、価値観は共有できません。

このようにあるべき形で面接をすると、かなりの時間がかかります。しかし、ここで時間を惜しんだり、安易な判断をしてしまっては、結局は人が定着せず経営の足を引っ張ることになってしまいます。

「チームで仕事をする力」を見極めよう

面接では質問の内容だけでなく、その進め方についても押さえておくべきポイントがあります。

個人店では、応募してきた人をオーナーシェフが1人で面接し、15分程度の短時間で採用の可否を判断しているケースが多いようですが、ここで時間と手間を惜しんではいけません。大切なのは〝複数の視点〟。店の規模やスタッフの数にもよりますが、できるだけ多くの職位の人が面接に参加するのがベストです。たとえば、最初の面接は厨房の二番手やサービス担当のスタッフが担当し、その判断を踏まえたうえで、オーナーシェフが自ら面接するといいでしょう。

なぜなら複数の人が見ることで、その人が他のスタッフと楽しく仕事ができるか、円滑にコミュニケーションをとれるかが、より客観的に判断できるからです。

個人店とは規模が違いますが、世界的なホテルチェーンの「ザ・リッツ・カールトン」の取り組みが参考になります。

最後に〝現場目線〟で見てミスマッチを防ぐ

リッツ・カールトンでは正社員の採用にあたって、1人の応募者に対して計5回の面接を行ないます。その面接の担当者と内容は以下の通りです。

・1回目：人事担当者による個人面接。合わせて、リッツ・カールトンの理念を共有できる人かを判断するためのQ&A式のテストを実施。このテストでスコア70点未満の場合はどれだけ経験豊富であっても不採用となる。

・2回目：人事部長による個人面接。

・3回目：ゼネラルマネージャー（GM）による個人面接。

・4回目：応募者が希望するセクション（宿泊部門、料飲部門など）の責任者による個人面接。

・5回目：採用後に一緒に働くスタッフとのグループディスカッション。

普通は3回目のGM面接で終了ですが、その後がリッツ・カールトンの真骨頂です。とりわけ、最終判断にあたってグループディスカッションを課しているのは特筆されるでしょう。コミュニケーション能力、チームで仕事をする力や適性があるかを、〝現場目線〟で判断しているのです。

これは、リッツ・カールトンが創業して10年目につくられた仕組みですが、これ以降は離職率が激減したといいます。採用する側とされる側双方にとって「こんなはずではなかった」というミスマッチを防ぐことにつながっているのです。

レストランの仕事が複数の人の力で成り立っている以上、他の人と積極的に関わろうという意識は不可欠です。面接では、この点をしっかり見極めましょう。

新人が入った時の歓迎会や、定期的な勉強会など、店のスタッフが全員参加するイベントがある場合は、そのことを伝えて反応を見ます。生き生きとした表情でいろいろ質問してくるか、面倒臭そうな反応をするか。レストランで働くなら当然、前者でなければなりません。こうしたことも、ともに働くうえで大切なことです。

「安心して働ける職場」になっているか

採用こそは店の生命線。価値観を共有し、意欲を持ってともに働いてくれる人材を確保できるかどうかが経営の成否を決めます。そのための時間と労力を惜しんではなりません。

しかし、せっかく手間暇をかけて採用した人材が定着せず早々に辞めてしまっては何にもならないし、採用にかけたコストもまったくムダになってしまいます。

ところが多くの飲食店では、ここでも場当たり的な対応に終始しています。人が定着しないのは労働環境に問題があるからと考え、給与や福利厚生を手厚くしようとするのですが、ほとんど効果はありません。なぜなら、働く側の不満はそういうところにはないからです。

私は、定着率のよい企業の社員に対して「なぜこの会社に勤め続けるのか」をヒアリングしたことがありますが、その理由は多い順に以下の通りでした。

①安心して働ける環境があるから

②他の人から信頼してもらえるから
③お互いに協力し合って仕事できるから
④自分自身の勉強になるから
⑤働きに見合った給与をもらえるから

ヒアリングした企業の企業規模や業種はさまざまでしたが、この順位は驚くほどに共通していました。これこそまさに、従業員満足度（emproyee satisfaction＝ES）を高め、結果として定着率を高めるポイントなのです。

育てようという使命感を持つこと

まず、給与よりも「勉強できる環境」の順位が高いことに注目してください。さらに、それより上位の理由はすべてコミュニケーションとチームワークに関することです。自分自身が周囲から関心を持ってもらえ、

自分から他者と積極的に関われることがＥＳの決め手なのです。これは企業であれ店であれ、集団で仕事をする職場においては不変のことです。

つまり、何より大事なことは教育です。新しく入ってきた人をプロとして通用する人材に育てようという意識が、店の中に浸透していなければなりません。オーナーシェフをはじめ、迎える側にそうした使命感があれば、店にいい意味での緊張感が生まれます。それこそが、働く側にとっては安心できる環境なのです。

新人を迎えたら、まず、何をどういう順序で教えるかのプログラムを一人ひとりについてつくりましょう。営業中は１人で作業させず、チームに組み込むか、先輩とコンビを組ませます。そして、営業終了後は仕事の成果と反省を話し合い、次に取り組む課題を決める。こうして、自分自身の成長を実感できるようにすることが、ＥＳの向上につながるのです。

早期離職を防ぐ鍵は「家族的なつながり」

長く勤めてもらうために重要なのは教育に力を入れることと指摘しました。それこそが従業員満足度（employee satisfaction＝ES）を高める鍵だからです。しかしながら、若い人たちの早期離職率が高まっていることも確かです。

かつてと比べて若い人たちに忍耐力がなく、とくに男性は精神的に非常に弱くなっていると言われます。しかし、そのことをとやかく言っても問題解決にはなりません。そうであることを前提として、新人をどう受け入れるか、どのようにやる気を引き出していくかを考えていくべき時代といえるでしょう。

新人が早く職場に溶け込めるかどうかは職場の雰囲気によって決まります。その雰囲気には、オーナーシェフをはじめ全員がどういう意識で仕事に取り組んでいるかが自ずと表れるものです。オーナーがスタッフを単なる労働力と見ていたり、スタッフも仕事を稼ぐ手段にすぎないと考えていては、職場の雰囲気は確実に悪くなります。ただでさえ精神的に弱い新人が、その雰囲気に耐えられるはずはありません。

レストランビジネスは人々の心と身体の健康に直接貢献できるすばらしい仕事です。金儲けや生活の手段にすぎないと考えるのではなく、社会的に意義のある仕事に関わっているのだという意識を、働く人全員が共有していること。これがよい店の条件であり、そういう人たちが醸し出す職場の雰囲気こそ、新人を迎え入れるうえで必要な条件になります。

何でも話せる雰囲気づくりが大事

私は、三重県伊勢市にあるフランス料理店「ボンヴィヴァン」で記憶に残る体験をしたことがあります。オーナーシェフの河瀬毅氏は料理を通じた地域貢献に取り組んでおられるすばらしい料理人ですが、スタッフの皆さんも全員が高いホスピタリティの持ち主。「この店での食事を通じて、いい思い出をつくっていただ

こう」という気持ちが言葉やふるまいから強く感じられました。しかも、スタッフのほとんどは20代。そうした若い人たちにもオーナーの意識が浸透していることに感心しました。

なぜそういうことができているのか。話を聞いてみて感じたのは「家族的な結びつき」の強さです。ボン ヴィヴァンでは、まかないの食事は必ず全員が揃ってとるそうで、これが大切なコミュニケーションの場になっています。仕事の話だけでなく、趣味やプライベートのこと、時には個人的な悩みごとまで話題はさまざま。そういう話ができる雰囲気をつくるうえで大きな役割を果たしているのが、マダムであるオーナーの奥様です。

私は食事中、まるでどこかの家庭に招かれているような思いがしましたが、それは普段からの取り組みが生む職場の雰囲気によるものだったのです。こういう職場であれば、新しく入った人も早く仕事に慣れ、また仕事にやりがいを感じることができるでしょう。ボン ヴィヴァンで働く若いスタッフの生き生きとした姿が、そのことを証明していました。

存在を認め、夢の大切さを教える

外食業の現場で若い人たちの離職率が高い理由の一つに、毎日が単調な作業の繰り返しであることが挙げられるでしょう。それは仕事を身につけていくために必要不可欠ですが、変化に乏しい日々を過ごしていると不安になってくることは理解できます。自分はこんなことをしていて将来はどうなるんだろう。ずっとこのままの生活が続くのではないか、という不安や焦りが、ここにいてもしかたがないというあきらめに変わり、やがて離職につながってしまう。これを「いまの若者は忍耐力がないから」で片づけてはいけません。単調な作業の繰り返しにどういう意味があるのか、それが将来にどう役立つのかをていねいに教えることも、雇用する側の責任なのです。

私の知る限り、いまの若者は概して真面目です。きちんと向き合って指導すれば素直に聞き入れるものですし、それによって自分の行動を変えていく柔軟さも持っています。むしろ、遠慮をして教えるべきことを教えなかったり、中途半端な叱り方をすれば、彼らは、この人は自分のことを真剣に考えてくれていないと受けとめてしまいます。それが早期離職につながっては、これほどもったいないことはありません。

同時に、たとえ入ったばかりの新人であってもスタッフの一員であり、その存在を認めてあげる必要があります。それが安心して働ける職場づくりと、職場のいい雰囲気づくりにつながります。

私がアメリカのレストランで働きはじめた頃、こんなことがありました。まだ入店して間もなく、洗い場を担当していたのですが、コックさんの多くが調理後の鍋を投げるように置いていくのです。自分がいかにも下っ端として扱われているようで嫌な思いをしましたが、ある日一人のコックさんが私に鍋を手渡しながら「君が毎日そうして鍋をきれいにしてくれるから、お客さまも喜んでくださるんだよ。ありがとう」と言ってくれたのです。自分の存在が認められたこと、自

分の仕事が店にとって役立っていることを実感できた、とても大きな体験でした。

本当に必要なケアができているか

その後、私にとって人生の師であるマーク・トーマス氏が経営するレストランで働きましたが、ここでも多くの貴重な体験をしました。その中でも忘れられないのは、トーマス氏がよく声をかけてくれたこと、そして3ヵ月に一度くらいの頻度で「あなたの夢は何ですか」と聞いてくれたことです。将来こうありたいという夢を持つことは、自分自身を高めていくために大切ですが、日々の仕事に追われて忘れてしまうものです。トーマス氏の問いかけは私にとって、レストランの仕事を続けるうえで大きなエネルギーを与えてくれるものでした。

その人の存在を認めてあげること。夢を持ち続けることの大切さと、そのために仕事のうえで何が必要かをきちんと教えてあげること。これこそ、若い人たちがもっとも必要としているケアなのです。そのうえで段階的に権限を委譲していけば、仕事に対する責任感も生まれ、店にとって貴重な戦力へと育っていってくれるでしょう。

真っ白な人材を「いい色」に染めよう

前項でお話ししたケア（care）という言葉には「気にかける」とか「気遣う」といった意味があります。新人にとっては「自分が気にかけてもらえている」と感じることが仕事のうえでの不安を取り除くことになります。言い換えれば、自分という存在を認めてもらえていると実感できることです。

それによって、新人が職場に溶け込めるような環境をつくることが大事です。そのうえで「自分はこの職場に貢献できている」という自信を持てるようにしていかなければなりません。

そのために必要なのが、仕事を段階的にまかせていくこと。段階的というのは、少しずつ仕事の難易度を上げていくという意味です。厨房であれば最初は清掃や器具の手入れ、次に簡単な仕込み作業を担当してもらいます。ホール作業なら最初はお客さまと直に接したり会話することの少ないバッシング作業などから担当してもらうことになるでしょう。

大事なのは、仕事をやってみて「できた」という実感を持たせることです。もちろん周囲もそのことを認め、できたことをきちんとほめる必要があります。逆に、いきなり難しい仕事をまかせてミスがあったりトラブルになったりすれば、「失敗した」という思いが強く残り、そこから先に進めなくなってしまいます。

先輩の責任感溢れる姿こそ身近な目標

何か一つでも「できた」と思えることがあれば、自分は店の中で役割を担っているという自信を持つことができます。この自信の積み重ねがあってこそ、新人は着実にステップアップでき、結果として長く仕事を続けられるのです。

また、新人も含めて役割分担がきちんとできていることが活気ある職場をつくり、店のレベルアップにも

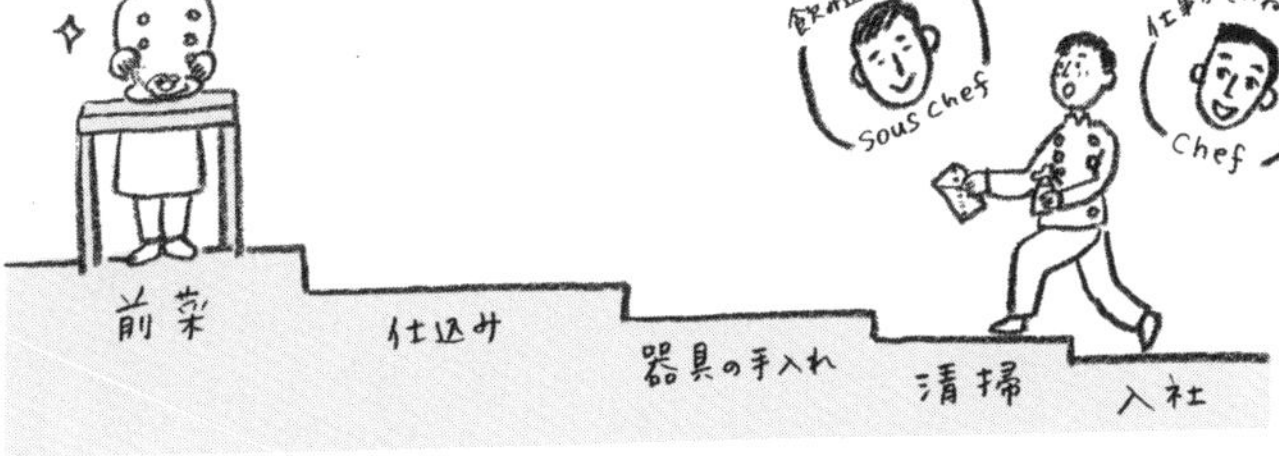

つながります。それは、スタッフ全員に責任感を持たせることになるからです。具体的には「あなたはクレンリネスの責任者です」、「あなたは今月の棚卸しと検品作業を責任を持って担当してください」というように、ある範囲の仕事をスタッフにまかせていくのです。これも、新人に仕事をまかせる場合と同様に、スタッフの成長に合わせて仕事の難易度を上げていきます。こうして、一人ひとりが責任感を持って仕事に取り組んでいくことが強い店づくりには欠かせません。

同時にこれは、新人に目標を与えることにもなります。身近なところに目標があることも、早期離職を防ぐために大切なことです。難しい仕事をまかされ、それをきちんとこなしている先輩の姿を見て、「自分も早く、あのような仕事ができるようになりたい」と思うことが、成長のためにもっとも重要な自己啓発なのです。

全員が生き生きと仕事をしている職場であれば、そこに入った新人も自然とそうなっていきます。若い人はいわば真っ白な状態で入ってくるわけですから、それを「いい色」に染めていく。このこともまた、人を雇用する側の責任に他ならないのです。

毎日のミーティングこそ格好の教育の場

長く勤めてもらえる環境をつくるためにはデイリーベース、すなわち毎日のコミュニケーションが不可欠です。具体的には、営業開始前に行なう朝礼、営業終了後の終礼をしっかりと実施することです。

いつもバタバタしていて朝礼ができない、仕事で疲れてしまって終礼は無理というケースが多いようですが、それではよい店づくりはできません。スタッフ同士の信頼関係が築けないし、スタッフの中に仕事に対する問題意識も生まれてきません。

この業界に入ってきた若い人たちは誰しも仕事を通じて技術を身につけたり、知識を深めたいと思っています。迎える側は、それに応えられる環境を用意しなければなりません。その格好の場が、デイリーベースのコミュニケーションなのです。

大事なのは迎える側の意識です。オーナーシェフやサービスのリーダーが、若い人たちを育てようという強い責任感を持ち、毎日のミーティングのうち5分間程度でもいいから教育のための時間をつくる必要があります。

筆者を導いてくれたモアさんの朝礼

私は米国の大学でホテル・レストランのマネジメントを学んでいた頃、夏休みの1ヵ月半を「レークプラシッドホテル」という名門ホテルのダイニングで研修を兼ねて働きました。そこでいまも決して忘れることのない貴重な経験をしました。それは、ダイニングのメートル・ドテルのモアさんが中心になって毎日行なわれる朝礼でした。

身だしなみの確認や携帯品のチェック、当日の予約状況の確認など業務に関する話が終わると、モアさんはいつも最後に自分自身の心に残るサービスのエピソードを話してくれました。その話が実におもしろいのです。

結婚記念日に訪れたお客さまにさりげない気遣いを

して大変感謝されたこと。あるお客さまには、食材のことを話題にしながら料理のサゼスチョンをしたところ大いに興味を持たれて、その後も食材の生産者を一緒に訪れるという親密なお付合いを続けたこと。そういうエピソードをモアさんは、巧みな語り口で話してくれました。

ダイニングで働いている間、この朝礼に参加できることは私にとって最大の楽しみでした。そして、毎日モアさんの話を聞くことでレストランの仕事に対する興味がどんどん湧いてきたのです。同時に、サービスについての心構えを学ぶことができました。私がその後もずっとレストランの仕事に携わることができたのは、間違いなくモアさんの朝礼が大きなきっかけになっています。

オーナーシェフの皆さんも、毎日のミーティングの際に料理についての自分の考えや、なぜ料理を志したか、この仕事のすばらしさはどういうところにあるのかといったことを話してください。それが若い人たちにとっていちばん勉強になるのです。

ミーティングはキッチンとホールを分けることなく、全員が一堂に会して行なうべきです。全員が揃うミーティングはチームワークづくりのスタート。若いうちからそういう環境に身を置き、チームワークの大事さを学ぶことは大きな財産になります。

イベントを通じて信頼関係を築く

デイリーベースのコミュニケーションを通じて人を育てるための環境を整えたうえで、ともに働く仲間が一緒に楽しく過ごす機会を持てれば、チームワークはさらに高まります。具体的には、食事を兼ねた懇親会や、慰安のための旅行、お客さまや取引先を招いて行なうイベントなどです。

日々の仕事以外にも、スタッフが共有する時間を持つことがお互いの信頼関係を生むのです。同時にこれは、レストランで働くうえで格好の勉強の時間となります。

こうしたイベントは「あてがいぶち」でないことが大事です。幹事は毎年交代して常に新しい企画を考える、あるいはスタッフの中から企画のアイデアを募るなど。つまり、スタッフ参加型であることが、イベントを成功に導く重要なポイントになってきます。

とはいっても、難しい話ではありません。まかないの献立をスタッフが持ち回りで考える店は多いですが、イベントの企画もその延長線上に位置づければよいのです。

何人かに企画を考えてもらって、全員の前でプレゼンテーションし、その結果をもとに決める。企画を決めるプロセスを含めてイベント化すれば、さらに楽しいものになるでしょう。

勉強のための行動計画表をつくろう

ですからオーナーシェフにはぜひ、スタッフの勉強会をいつ、どのような形でやるかという行動計画表をつくっていただきたいのです。

デイリーベースでは、朝礼と終礼のそれぞれ5分間を使い、若い人たちにとって勉強になる話をする。週間では、週のはじまりのミーティングの場で先週の反省と今週の目標を全員で共有し、店としての取り組みを話し合う。マンスリーでは、店としての当月の目標を立てる際に調理技術など、スタッフ一人ひとりの目

標を合わせて設定し、具体的にどう取り組むかを話し合う、といった具合です。

そして、できれば四半期に1回、難しければ年に2回くらいは、食事会など全員が一堂に会するイベントを設けてください。そのイベントが軌道に乗れば、次は研修旅行というように、催しの規模を拡大していきます。

新型コロナウィルスの感染拡大が続いているいまは難しいですが、状況が落ち着いたらぜひ海外に行って見聞を広める機会を持ちたいところです。食に関するさまざまな勉強ができるところを行き先として選ぶのに加えて、テーマを設けることも大事です。現地のマーケットを訪れて食材の知識を深めたり、ワイナリーに行ってワインの勉強をするなど。旅行費用にあてるために全員で積み立て貯金などをすれば、スタッフの一体感はさらに高まります。

何より大事なことは、こうしたイベントを通じてスタッフ同士が理解し合えたり、信頼し合える関係を築くことです。それこそが、よい店づくりに不可欠であることを学ぶ。レストランに携わる人にとって、これはまたとない教育の機会なのです。

「次をまかせられる人材」を見つけ出そう

人材育成において最大の課題は「次をまかせられる人材」を育てていくことです。オーナーシェフは、料理はもちろん店の運営にかかわることすべてに自らの哲学を貫きたいという思いが強いものですが、すべてを抱え込もうとするあまり人が育たず、経営が行き詰まってしまう例が見られます。

店の魅力を高めていくためには、オーナーシェフの考えを共有し、その右腕となってくれる人材が必要なのです。サービスをまかせられる人材、キッチンでスタッフに的確な指示を出してくれる人材。そうした現場を統率してくれる人材がいてこそ、オーナーシェフは経営という大局的な視点から店をとらえ、店をよりレベルアップするために何をすべきかを考えることができるのです。

かつてと比べて、人を育てることに関心を持つ料理人は増えましたが、筆者が見る限りその取り組みはまだ中途半端です。一番いけないのは「すべてをオープンにしていない」ということ。技術を教える際に出し惜しみをしている、といったことではありません。大事なのは、いいことも悪いことも含めて店の実態を示す情報をすべてオープンにし、スタッフとの間で共有することです。

スタッフから評価され信頼されるか

そうであって初めて、オーナーシェフとスタッフとの間に信頼関係が生まれ、本当の意味でのチームワークが実現できます。とはいえ、すべてのスタッフに同じように情報を与えても効果はあがりません。スタッフはただ上から与えられるだけという、情報の一方通行になってしまう恐れもあります。

まず最初に情報を共有すべきは、自分の右腕となるべき人材です。言い換えれば現場のリーダーであり、リーダーから各スタッフに情報が伝えられ、リーダーを中心に店をよりよくしていく方策を考える、という

流れをつくっていくことが大事です。

ですからオーナーシェフは、スタッフの中からリーダーになりうる可能性を秘めた人材をいち早く見つけ出す必要があるのです。

その候補者を見極める際に一番重視すべきポイントは、一緒に働く仲間から信頼され、評価されている人材であるかどうかです。リーダーは現場のコミュニケーションの核となる存在ですから、スタッフからの評価が高いことは必要不可欠な条件です。

調理やサービスの技術については、いま現在のレベルよりもこれからの伸びしろ、つまり潜在力に注目すべきです。意欲を持って仕事に取り組み、着実に技術力を高めている人が望ましい。そうした人が評価されリーダーになっていけば、スタッフ全員のモチベーションも高まることになります。

リーダーになりうる人材を見出したら、オーナーシェフは自らの料理哲学や店の運営についての考えを話します。それを候補者との間で共有し理解を深めながら、計画的に教育を施していくのです。

人材育成で不可欠なのは「まかせる勇気」

その教育計画のポイントは、いかに「権限委譲」をしていくかにあります。それまでオーナーシェフが担っていた仕事を、段階的にスタッフにまかせていくのです。「他のスタッフから信頼されている」という候補者の条件は、「店の中でリーダーシップをとれる」と言い換えられます。ですから権限委譲は、その人のリーダーとしての能力がより高まっていくような形で進めていく必要があります。

たとえば朝礼や営業終了後のミーティングの司会進行を、その人にまかせていく。これによってリーダー候補のコミュニケーション能力がどのくらいあるかを判断できます。料理人の中には、料理をつくることばかりに興味が向いて他者との関わりには無関心という人がいますが、それではリーダーシップをとることはできません。

朝礼やミーティングは、店の情報をすべてのスタッフで共有し、店をよりよくしていくための方法を確認し合う場です。その場をとりしきる役割をまかせることで、リーダー候補のコミュニケーション能力が鍛えられます。同時にスタッフ同士の結束が強まり、チームワークができていくことになります。

オーナーシェフが真面目であればあるほど、それまで自分がやっていた仕事を他のスタッフにまかせることは不安なものです。単なる作業でなく、店の運営に関わる仕事の権限を委譲するには勇気が必要です。しかし、そこから踏み出していかなければ、本当の意味で人を育てることはできません。

人材育成においてもっとも重要なのは、その人の潜在能力を引き出すことです。それには難しい仕事をあえてまかせる、オーナーシェフの勇気が不可欠なのです。

数字を一人で抱え込まず、共有すること

もう一つ、オーナーシェフが勇気を持ってやらなければならないのは、店の経営に関わる数字をオープンにすることです。客数や売上げ、利益といった経営数値、数値が思わしくない場合は原因がどこにあるのかといった経営課題を、スタッフとの間で共有する必要があります。とくにリーダー候補にはそうした情報をつぶさに伝え、改善のための取り組みをオーナーシェフとともに主体的に考えてもらうのです。

こうした数字をオーナーシェフ一人が抱え込んでいる店ほど、経営が不透明であっ

たり丼勘定になっているものです。数字は複数の人で共有することによって正確性が増すものですし、異なる視点で捉えることで改善のためのアイデアも出てきます。つまり、数字をオープンにすることで店のレベルがより高まることになるのです。

オーナーシェフがリーダー候補との間で共有しなければならないのは、経営者としての考え方です。ですから育成の場は、店の中だけにとどまるものではありません。一緒に他店を視察したり、オーナーシェフの対外的な付合いの場に同席させるといったことも重要な教育になります。

また、リーダー候補に本を読む習慣をつけさせることも大事です。とくに、オーナーシェフが影響を受けた本を読んでもらうことは、考え方を共有するうえできわめて有効です。

人を育てるのは自らを育てること

次をまかせられる人材を育てることで、オーナーシェフ自身の肉体的、精神的負担は軽減され、仕事の幅は広がっていきます。このメリットをオーナーシェフは感覚としてわかっているはずですが、実際には自分の右腕を育てることになかなか踏み出せないというケースは多いものです。

その理由は、オーナーシェフが右腕となる人材をパートナーではなく、自らの存在をおびやかす相手ととらえてしまうからでしょう。もしかしたら、このスタッフは自分を超えてしまうのではないか。あるいは、力をつけたら独立して、自分の店から顧客を奪ってしまうかもしれない。そういうある種の恐怖感があるゆえに、後継者育成ができない人は多いのではないでしょうか。

結果としてそれが、あらゆる仕事を一人で抱え込んでしまうことにつながっていきます。オーナーシェフには経営者と職人という2つの面がありますが、職人としての誇りを持っているがゆえに自分がすべてを決定したいという思いが強く、ひいては自分という存在がすべてであるという気持ちになりがちです。これはオーナーシェフという立場の特徴といえるかもしれません。

人を育てれば自らの人間性も高まる

しかし、その考え方は根本的に間違っています。なぜなら、人材育成に取り組むことはオーナーシェフ自身の人間性を豊かにすることにつながるからです。

本書で最初に述べたように、幅広い知識や教養を持ち、周囲から尊敬を集める高い人間性を兼ね備えることが、これからの時代の料理人には求められています。それこそが、本当のプロとして社会から認められる存在となるための絶対条件だからです。

オーナーシェフは当然のことながら、その店の中でもっとも尊敬される存在でなければなりません。では

なぜ尊敬されるかと言えば、スタッフの中に「自分を育ててもらった」という感謝の思いがあるからです。つまり、店をまかせられる人材をどれだけ育てたかが、そのままオーナーシェフの人間性を測るものさしになるのです。

そういう人材を育てるのは容易なことではありません。何よりも教える側に熱意と根気が不可欠です。そしてここでも、オーナーシェフ自身の人間性が問題になってきます。本当にその人の成長を願って接しているかどうかは、教わる側は敏感に察知するものです。とくにそれは、叱って教え導くという場合において重要です。教える側が育成にかける強い思いを持ち、それが教わる側に伝わるかどうかが、人材育成の鍵であると言っても過言ではありません。

自分と考えを共有できるパートナーを育てることによって、店の中に強固なチームワークが実現できます。それによって店の経営は軌道に乗り、オーナーシェフ自身も大きく成長できることになります。つまり人材育成とは、オーナーシェフ自身を育てることでもあるのです。

おわりに

２０２０年に全世界を襲った新型コロナウィルスの感染拡大は、あらゆるビジネスに大打撃を与えました。外出自粛で街から人通りが消え、多くのレストランが深刻な経営難に見舞われました。政府の積極的な財政支援もあって徐々に落ち着きを見せているとはいえ、12月の現時点でもまだ先を見通せない状況が続いています。

料理人の皆さん、とくにオーナーシェフとして経営を担う立場にある方は、本当に不安な日々を過ごしていることでしょう。しかし、こういう時だからこそしっかりと前を向いて進んでいかなければなりません。

大事なのは「肚を決める」ことです。経営者が不安な様子を見せたり、進むべき方向に迷っていたのでは、そこで働くスタッフの不安は増すばかりです。わが店がお客さまに提供する価値は何か、何によって社会に貢献するのかという指針を明確に示すこと。それが、これからの時代を生き抜くためのスタートになります。

同時に、これを機に経営そのものを見直す必要があります。たとえば「人」の部分で効率化を図ること。これまで５人でやっていた作業を４人、あるいは３人でできるようにする。これは単に固定費を減らすのではなく、働く人の潜在能力を引き出していくことこそが目的であり、強い経営体質をつくることにつながります。

コロナ禍は飲食店の経営におけるファイナンス（会計や財務）の大切さを教えました。資金の裏付けがなければ、あらゆるビジネスは存続することができません。そこで問われたのが「信用」です。経営者の人間性を含めて、そのビジネスが信用できるものであるかどうかが、金融機関から資金供給を受ける際の条件になりました。

そうして事業を継続できる状況を整えたうえで、今後を見据えた〝筋肉質な〟体制をつくっていくこと。これがすべてのビジネスに問われています。

一方でコロナ禍は、人々が「外食のよさ」を再認識する機会になったと思います。接待など仕事上の会食が減るなかで、外食は家族や恋人といった身近な人、さらにいえば「本当に大切な人」と一緒に楽しむものが中心になりました。そこでお客さまはあらためて「外食は楽しい」という思いを強くされたはずです。

過去にもリーマンショックや東日本大震災など、多くの飲食店を経営危機に追い込む出来事がありました。その時に存続の可否を分けたのは「本当に大切な人と行く店かどうか」でした。そこでお客さまから選ばれる条件になっていたのが、料理のクオリティが高いことはもちろん、ホスピタリティ溢れるサービスと、清潔で居心地のよい空間を提供できているかどうか。つまり高いＱＳＣの実現だったのです。

コロナ後を見据えて、すべての飲食店は「なくてはならない店」をめざさなければなりません。お客さまにとって、また社会にとって必要不可欠な店となるための条件がＱＳＣの高さであり、それを支えるマネジメント力なのです。

これからの時代を担う料理人の皆さんが、真の職業人としてマネジメント力を身につけ、さらに豊かな食文化の実現に向けて前進していくことを願ってやみません。

最後に、『月刊専門料理』の連載時からご尽力いただき、今回の書籍化にあたっても編集の労をとっていただいた土肥大介氏に厚く御礼申し上げます。

力石寛夫（ちからいし・ひろお）

1943年神奈川県逗子市生まれ。早稲田大学卒業後、米国ポールスミス大学ホテル・レストラン経営学部に留学。同大学卒業後、米国のマーク・トーマスエンタープライズ社などでの修業を通じてレストランマネジメントを学ぶ。帰国後の72年にトーマス アンド チカライシ㈱を設立してホテル・外食・サービス業に対するコンサルティングを開始。2010年、米国の料理学校Culinary Institute of Americaの日本大使に就任。2012年～14年に経済産業省の施策「おもてなし経営企業選」の選考委員会委員長、2015～18年に同省「産学連携サービス経営人材育成事業」審査採択委員長を務めるなど、幅広い活動を続けている。

●力石寛夫の本

『ホスピタリティ
サービスの原点』
1500円（税込）

『続 ホスピタリティ
心、気持ちを伝える
コミュニケーション』
1500円（税込）

※上記2冊はトーマス アンド チカライシ㈱より発行されています。問合せは以下まで。

トーマス アンド チカライシ㈱
東京都港区赤坂4-9-19 赤坂T.Oビル6F　TEL03-3403-9495
http://www.chikaraishi.com/

料理人のための1分間マネジメント

２０２１年１月５日初版発行
２０２１年10月20日２版発行

著者©　力石寛夫
発行者　丸山兼一
発行所　株式会社柴田書店
〒１１３-８４７７　東京都文京区湯島３-２６-９　イヤサカビル
電話　営業部　０３-５８１６-８２８２（注文・問合せ）
書籍編集部　０３-５８１６-８２６０
https://www.shibatashoten.co.jp/

印刷・製本　株式会社光邦

ISBN978-4-388-15448-7
Printed in Japan

本書は『月刊専門料理』２０１３年７月号から２０１７年12月号まで連載された「料理人のための１分間マネジメント」を大幅に加筆し、再編集したものです。